古代公文文体特征及审美意蕴

吴 茜 李金泽 著

合肥工业大学出版社

图书在版编目(CIP)数据

古代公文文体特征及审美意蕴/吴茜,李金泽著. --合肥:合肥工业大学出版社,2025. --ISBN 978-7-5650-6623-8

Ⅰ. K220.63

中国国家版本馆 CIP 数据核字第 2024E2V694 号

古代公文文体特征及审美意蕴

吴　茜　李金泽　著

责任编辑	袁　媛　郑　洁　毛　羽　许璘琳
出版发行	合肥工业大学出版社
地　　址	(230009)合肥市屯溪路 193 号
网　　址	press.hfut.edu.cn
电　　话	职业教育出版中心:0551-62903120
	营销与储运管理中心:0551-62903198
开　　本	710 毫米×1010 毫米　1/16
印　　张	7.5
字　　数	123 千字
版　　次	2025 年 9 月第 1 版
印　　次	2025 年 9 月第 1 次印刷
印　　刷	安徽联众印刷有限公司
书　　号	ISBN 978-7-5650-6623-8
定　　价	52.00 元

序　言

在中国古代文学批评理论中，文论家常常会把作品分为“文”与“笔”。对在校学生来说，作为“笔”的古代公文文体没有像诗词曲赋那样备受关注。在语文学习过程中，大学生普遍对古代公文文体了解甚少。不是专门研究公文批评理论的教师，对古代公文文体及各类文体写作要领，掌握得也不是很牢固。

在高校《大学语文》《文学作品选》等教材中，常常出现很多经典的古代公文范文，以及有关公文写作的文学理论选文，大学生在学习这些公文和文论的过程中，常常会感觉到非常陌生。为帮助大学生和公文爱好者熟悉古代公文文体，了解古代公文批评理论的基本知识，开阔大学生传统文化知识视野，丰富大学生文体知识，也为帮助部分大学教师了解古代公文批评理论的基本观点和批评方法，笔者在教学之余，收集并整理了古代公文批评理论的部分专著和篇章，并把它们的基本观点进行梳理归纳，以文体分体理论的形式，分节阐述，提炼主要观点，形成主题式论文，并按照一定的逻辑关系编辑成章，以飨爱好古代公文批评理论研究的读者。

公文的产生源于社会治理的需要，随着国家形式的确立，在社会治理过程中，需要处理繁杂的公共事务，因此产生了相应的公文。在先秦时期，就已经把公文纳入文集之中，并在长期发展演变中，形成了相对固定的一些公文文体，为中国文章学奠定了文本基础。《尚书》中就已经收集了典、谟、誓、命、诰、训等公文。《文心雕龙》也专章论述铭诔、颂赞、檄移、章表、奏启、议对等公文文体。公文文体是中国古代文体的重要组成部分。南朝梁太子萧统编《文选》，南宋吕祖谦撰《宋文鉴》，都对文章体裁进行系统分类，把公文文体纳入文章学范畴；明代吴讷、徐师曾分别在《文章辨体》《文体明辨》中列举了各种文体类型，其中突出了公文文体。

公文文体理论也是中国古代文体论的重要内容。随着公文文体的发展以及公文参与社会事务功能的扩大，公文写作和评析受到知识分子的重视，公文文体论也被纳入中国古代文章学理论之中，并得到不断发展。到现代，公文写作已被列入高等学校写作学的学习内容，同时，有许多学者专门研究公文写作，将公文文体理论作为公牍学的重要内容进行学术研究。阅读与欣赏公文首先需要掌握公文文体的基本类型、特征和语言风格，以便真正把握公文文体的内涵、特点和写作要领，提升阅读和欣赏古代公文的能力。

本书赞同文章以体制为先的观点，这也是中国古代文论的基本观点。“体”的含义有三：文章的语体类型、文章的体式、文章的风格体貌。体是文章写作的绳墨和躯干，是文章结构内容的依据，它规定着文章的表意功能、语言风格和思维范式。公文写作遵循体制为先的理念，并以体式为基础，在体式规定前提下，形成不同的公文文种；而以写实为主的语言特征则是公文辨体的主要特征。

研究公文文体论，不能离开公文文体发展的历史分期。古代公文文体随着时代变迁、政治变化和社会发展，形成不同的文体类型，成就了不同的公文历史分期。同时，不同历史时期的公文写作活动也促成了公文写作理论、公文批评理论的不断发展和创新，丰富了中国古代文章学理论。

研究公文文体论的主要价值在于为建构中国式文章学理论提供公文学方面的基本理论，同时也为公文写作爱好者、研究者提供相应的文体论帮助。了解古代公文文体的不同类型、公文发展的历史分期以及公文批评理论的基本内涵，对阅读、欣赏古代公文可以起到重要的理论支撑作用，对从事公文写作的人来说，也是提升公文写作水平的重要途径。本书重点论述了古代公文的文体类型、格式特征和欣赏理论，对于公文阅读与学习者、写作者而言，都会有一定的启示作用。

本书是在长期教学与公文写作实践中形成的分篇论述，同时也是合肥幼儿师范高等专科学校中国文学理论创新团队（编号：KYTD202002）项目成果。鉴于水平有限，书中不免有错误和争议之处，敬请方家批评指正。

李金泽

2025 年 5 月

目　录

第一章 古代公文体制及分体特征论

第一节　论文章以体制为先与公文文体特征

宋人倪思提出诗学“体制为先”的文学理论，明代吴讷、徐师曾把这一理论发展到文章学中：“文章以体制为先，精工次之。失其体制，虽浮声切响，抽黄对白，极其精工，不可谓之文矣。”文章写作既以体制为先，也以体制为本。中国古代文论重视文章立体成章，“体”成为文章结构内容的绳墨，也是文章内容组织的骨干和支撑。在中国古代文论中，体既指文章的话语类型（体制），也指文章的体裁类型（语体），同时还可以指文章的风貌特征（体貌）。不论是文章写作还是文章欣赏，都要先从辨体开始，辨体确定的是文章的基本格式与构思文章时所钟情的价值特征和审美取向。辨体之后才能够定体，定体之后才能明确写作思路和组织内容的方法顺序，从而使写出的文章既符合格式规则，又符合文章审美的基本准则。

一、体是文章写作的绳墨和躯干

世间任何事物都有体，也因为有体才使事物内外一体，形成稳定的体式结构和价值特征，并勃发出丰富的生命活力。文章写作也要先立体，立体是为了给文章写作确定绳墨和躯干，并以此来结构文章内容，赋予文章整体结构形式和生机活力。体制，成为文体形成和独立的首要特征。

（一）文章之体的属性分类

关于文体，祁志祥认为主要有两层含义，“一是指文章的体性，即文章的风格体貌，二是指文章的体裁”。笔者认为，对文章“体”的解释，应该包括三个方面的含义，一是指文章的语体类型，或者叫作体裁、文体；二是指文章的体式，即文章的结构形式；三是指文章的风格体貌。

1. 体裁是文章的本体属性，标志着文体确立的合法特征

对文章体裁的表述，一般认为是文的形式和类别。这种表述是一种较为粗泛和外观式的表述，没有给文章体裁一个内涵式的定义。笔者认为，文章的体裁，是由文章的功能和体式综合决定的，是一种经过约定俗成的可以寄寓特定内容的外在形式，也是文体之所以能够确立的合法属性。

李建中指出："真正的文学史是文体的演变史"，"所谓的语言变化史表现在文学作品中也就是文体（体裁、体貌和语体）的变化史"。清代章学诚主张"文用古法，而公式必遵时制，秦汉奏报之式，不可以改今文也"。刘勰认为："文变染乎世情，兴废系乎时序。"从文学批评理论的角度来看，古代文论中关于文章体裁的分类遵循因时而变的观点，因而也导致不同文学时期的文体分类标准不一致。我国文论对文章体裁的分类，在不同历史时期、不同的文论体系中，分类标准和文体类别界定相差很大。从数量上来说，曹丕的《典论·论文》把"文"分为八体：奏、议、书、论、铭、诔、诗、赋，《昭明文选》把文章分体为二十七类，吕祖谦《宋文鉴》分体为六十一类，明代吴讷在《文章辨体》中列举了五十九类文体，此后徐师曾发展了吴讷的文体分类方法和理论，在《文体明辨》中列举了一百二十七类文体。到了清代，对分类标准进行了整合，文章分体数量趋于统筹整合。

从文体的稳定性角度来说，同一文体在不同的历史时期和不同的文论体系中，被赋予不同的功能。例如，同是"牒"，在先秦时期是用来作为凭证的，而到了明清时期，既有凭证功能，又有一般书信的功能。纵观古代文章体裁分类，可以看出，在不同的历史时期，受文化观念和认知思维的影响，形成了不同的文体分类标准。

2. 结构形式是文章的逻辑属性，体现着文章外在的审美价值

任何事物都有自己呈现于外的形式，文章也不例外。不同文章有着不同的结构形式，形成了不同的体裁。这种外在形式经过长期使用被人们普遍接受，就相对固定下来，写作者可以按照相对固定的格式进行写作，从而形成了延续的文章结构格式。例如，散文和骈文文体特征不同，也是因为在长期写作过程中形成的区分，散文句式长短不一，变化灵活，而骈文则句式相对整齐，节奏感和韵律感都很强；散文更加注重内容的丰富和生动感人，骈文则更加富有语言的形式美，这正是两种文体在写作过程中形成的经验性特征。正如郭英德所说："特定的文体源自人们特定的行为方式，人们同一种行为方式的反复出现，便伴生着同一种文本方式的反复出现，亦即伴生着同一种文体的反复写作。"

中国古代文论对文章结构形式的阐述，一般集中在两个方面，一是整体段落的构成形式，二是文章不同内容在结构过程中的前后顺序。而对这两个方面的区分辨别就成为文章辨体的重要依据。明代唐顺之认为："文

章家绳墨布置，奇正转折，自有专门师法；至于中间一段，精神命脉骨髓，则非洗涤心源、独立物表，具今古只眼者不足以与此。”强调文章写作时，应该将重点内容集中在中间段落，因为这些段落在整篇文章中起着骨髓命脉的作用。对文章写作的构思来说，先要定体，然后按照文体的性质和功能特征安排内容的顺序，最后才是组织语言和素材。这种结构关系，体现的是文章外在段落组合的形式逻辑与内在思维的审美价值统一。

3. 风格体貌呈现的是文章的综合审美属性，体现着文章的语言和结构的综合审美价值

文章的风格体貌一般体现在语言表达形式和艺术效果上，不同的文章要使用不同的话语体系和不同的语言表达方法，这样就使不同文章在风格体貌上呈现出不同的语体特征。曹丕在《典论·论文》中写道：“夫文，本同而末异：盖奏、议宜雅，书、论宜理，铭、诔尚实，诗、赋欲丽。”对八种文体的语言风格和叙事表意的情感态度进行了分类界定。文体的语言风格和情感态度构成了文体风格的主要内涵和综合审美性质。

文章之体与文章的语言、思维方式有很大关系。对同一内容的表达，如果使用不同的语言或者不同的思维方式，就会形成不同的文体和风格。例如，散文和诗，可以用同样的素材，但二者的语言表达形式不同，思维方式也不同，这些不同就成为区别诗与散文两种文体的重要标志。又如，叙述同一件社会事件，公文和新闻报道的用语形式、叙述视角，甚至预设的读者群体，都有所不同。这些不同，也就成为区别公文和新闻体裁的重要标志。正如刘勰所说：“设文之体有常，变文之术无方。”文章正是在定体与变化之中不断丰富语言的表达方式，提升审美效果。

（二）体是文章的骨架和支柱，支撑着文体的成立

体是文章的骨干和支柱，每一种体都有相应的文字组织规则和思路，以及写作方法。按照这些规则、思路和方法写出的文章才能符合语言表达和审美的法度，文字组织才能在约定的规则之内实现自由灵活的变化美感，使无生命的文字成为有声有色的作品。

如果离开文章之体去组织文字，那么，就会陷入思维逻辑混乱的无序状态，也难以形成相对稳定的结构形式和意义表达，文章的体裁就无法得到合理的确定和独立。那些不能令人满意的文章常常是由于没有明确的文

体规则意识，导致构思混乱，语言材料不能按照规范的文章结构进行组织，使读者感觉文章思维混乱、思路不清。

从文章写作的结构过程来说，语言材料需要在清晰的逻辑思维下进行有序组合，才能形成稳定的结构形式，才能把无生命的文字通过规则化组合而生成具有情感和意义的文章，否则，只能是杂乱的符号编码。在写作过程中，清晰的思维像一只无形的手，将想法、素材等有序编排，逐步构建起文章的整体框架，进而形成特定的文体。同时，文体一旦稳定下来，就又反过来支配着思维活动的方向和轨迹，因而可以说，文体的稳定性支撑着写作过程的规范性。

从文章写作的语言风格来说，不同文体的语言组合方式以及语言的韵律、节奏形式都有着长期约定俗成的规则，也因此形成了相对稳定、独立的语言风格，形成了标志着这一文体有别于其他文体的语言表达范式，而一旦这一稳定的语言表达范式形成之后，这一文体的基本特征之一，就成为后来写作者的参照依据。文章语言表达需要遵循文体规范，有体则有骨架，有骨架才能更好地寄托作者要表达的“意”，语言也才能萌生出生机和活力。

有了体，在写文章时才能立体成文，才能形成有血有肉的艺术独立体。正如明代陈洪谟所说：“文莫先于辨体。体正而后意以经之，气以贯之，辞以饰之。体者，文之干也，意者，文之帅也，气者，文之翼也，辞者，文之华也。体弗慎则文庞，意弗立则文舛。”

二、表意功能是文体的主要内涵特征

不同文体有不同的表意目的和功能，表意功能是区分不同文体的主要标志，也是文体的精神价值所在。文章写作重视“意”的表达，无意则无文。中国古代文论重视语言的表意性，“微言大义”“意在笔先”都成为较早的写作基本原则。同时，表意既是写作的思维起点，也是写作动机的落脚点。

文章之“意”，不仅指作者的思想情感，也包括事物内在的规律和发展机理，是文章内在的精神含义，有时候也被列入中国古代文论“道”的范畴。特别是公文写作，更要遵循“文以载道”的表意规则，“文”只是表意的形式和方法，“道”才是文所寄寓的目的。因为有了意，有了道，文章才有思想和情感的意义，才能发挥表意的功能。反过来说，正是因为有了表意功能，文章才能形成独立的体式或者体裁。

“文以载道”强调的是文章内容承载着作者对世界万物的认识和内在情感，是写作主体对客体内在规律的认识，反映的是作者的世界观和价值观，而这种思想和情感在中国古代文论中被界定为“情理”。刘勰在《文心雕龙·镕裁》中指出：“情理设位，文采行乎其中。刚柔以立本，变通以趋时。”情理是文章的内在精神之一，是文章的本质内涵，情理与特定的语言组合，就形成了特定的文采。根据情理内容来谋篇布局，文采也就在其中了。按照风格体势的刚健或柔婉来确立创作的根本要求，形成不同的文体风格，能够适应时代的演变。这样，情理就成为某些文体的内在审美的主要价值标尺了。“是以草创鸿笔，先标三准：履端于始，则设情以位体；举正于中，则酌事以取类；归余于终，则撮辞以举要。”写文章要根据文章的情感或者情理来确定体裁，然后才能进行写作材料内容的筛选和组合，并选择与之相适应的语言表达形式和技巧。设定情境—选择素材—组织语言，就成为构思文章的三个基本环节。

文章写作的体制可以不断变化，而不变的则是文章的表意功能。正如赵梦麟所说：“所以为之拟议者体也，体植则用神，体植实义大矣哉，而胡可以弗辨也!”古人重视文章写作的体制辨别，不同的体制有不同的表意功能，也有不同的审美效果。体制、文体确定了，文章的功能才能发挥得好。文以载道，是文章写作的基本价值追求和审美追求，但是，道只是写作主体的无形认知，需要通过有形的文字来呈现出来，而呈现则需要有与之相契合的文体；如果没有适当的文体，就难以实现道的表达与外显。

不同文体有不同的表意功能，同样，不同的表意需求则形成了不同的文体特征。吴讷曾说过：“帝王之言，出法度以制文者谓之‘制’，丝纶之语，若日月之垂照者谓之‘诏’，道其常而作彝宪者谓之‘典’，陈其谋而成嘉猷者谓之‘谟’，顺其理而迪之者谓之‘训’，属其人而告之者谓之‘诰’，即师众而誓之者谓之‘誓’。”制、诏、典、谟、训、诰，各有不同的表意功能，因此形成了不同的文体形式。

三、语体风格是文体的外在特征

不同的文体有不同的语言体式，形成不同的语言风格，因而也形成了不同文体的外在审美特征。

“体”不仅指格式、体裁，也指语言风格、表达技巧。“敷奏以婉切胜，叙事以约畅胜，记载以该核胜，美刺以微中胜，体所从来，非一日矣。”顾尔行这里所说的各种文体的语言风格和体式，也是艺术的基本内容。敷奏的婉中有理、委婉而不含糊的语言风格，与史传文以实为宗、不隐恶、不溢美的直陈风格不同，两者也就不能互相替代。

不同文体在语言的表达形式和表现技巧上，形成了相对稳定的格式，引导着写作者选择不同的写作技巧，这也成为文体的外在特征之一。“章表奏议，则准的乎典雅；赋颂歌诗，则羽仪乎清丽；符檄书移，则楷式于明断；史论序注，则师范于核要。”刘勰认为任何文体都需要有适合的语言形式和语言技巧，才能成为稳定的文体类型。

中国文学创作讲究句式变化和音韵协调，句式变化和音韵协调恰恰也促成了不同文体的形成。诗词曲赋在创作过程中追求句式和音韵的变化，从而在语言表达效果上增强了节奏感、韵律感。同时，不同的句式和韵律格式也形成了不同的韵文文体，例如，五言诗与七言诗的区别主要在句式和韵律。在古代，有时候也会从句式和格律角度来辨析公文文体，比如，古代诏书有用散体句式的，也有用四六体的，“古之诏词，皆用散文……六朝而下，文尚偶俪，而诏亦用之”。又如“表”，“汉晋多用散文，唐宋多用四六，而唐宋之体又自不同：唐人声律，时有出入，而不失乎雄浑之风；宋人声律，极其精切，而有得乎明畅之旨，盖各有所长也”。因此，句式和音韵格式不仅成为文章的外在标志，而且也成为文体的语言表达特征和审美追求。当然，语体风格是文章的综合审美效果，不仅包括文章内在的意义特征，也包括语言技巧的外在特征，二者相互融合成为文章的综合特征。

文体的特征主要表现为语言的特征，中国文学创作讲究语言的声律效果，遵循声律规则，因而才形成不同文体的语言风格。“声画妍蚩，寄在吟咏；滋味流于下句，气力穷于和韵。”文章体式与语言的格律紧密相关，同样是骈文，在音韵格律上的不同也就决定了体裁的不同。即使是公文写作，在古代也很讲究格律，只不过公文的格律与绝句、律诗的格律有所不同，也恰恰是这种相同要素在不同文体中的不同表现，才使公文文体与诗词相去甚远。徐望之认为，公文的体制包括文章的格律，“公文之要，首在辨体……行文之得失，自当以体为断，每体各有一定之格律，凛然不相侵犯。”当然，徐望之所说的“格律”不仅指声韵格律，也指文章格式规范。优秀的文章，包括公文，其语言表达都需要凝练出疏密相间的协调感和起伏顿挫的节奏感，这也是文章写作的一种美学“模范”。

语体风格在整篇文章中综合运用语言材料所形成的审美风貌。而语言材料通过不同的形式组合，不断变化，相互映衬，形成整体的语体风格。例如，叙事类文章通过叙述语言和抒情、议论语言的组合，形成叙议结合、夹叙夹议的语体风格；抒情类文章通过不同的语言组合形成直接抒情、间接抒情，富有语言的变化，体现抒情文章的风格特征。而不论是哪种文体，其语言都在不断变化之中体现“不变”的语体风格。当然，即使在同一篇文章之中，不同段落语言的风格和节奏也可能有所不同，从而产生收放抑扬、跌宕变化的审美效果。宋代欧阳修曾说：“作文之体，初欲奔驰，久当撙节，使简重严正，时或放肆以自舒，勿为一体，则尽善矣。”一篇文章的开始应该开阔思路，多角度、多视角进行解题，提出自己要阐明的观点，这时候的语言常常是奔驰喷涌的，这样就能立好气势；然后再集中一个重点收紧节奏，深入描绘或者论述，把问题说深讲透。在写作过程中，应做到收放自如，使快慢节奏互相照应，语气高低互相衬托，这样文章才能更有节奏感和韵律美。

当然，收与放，需要围绕文章主题以及表达需要进行，不能脱离主题漫无目的地书写，否则，文章会陷入散乱状态，难以达到好的表达效果。

四、公文写作以体式为基础

（一）公文之体因事而命名

从先秦时期开始，公文之体即因事而命名。公文是处理公共事务的文体，其产生必然与公共事务的性质、类别密切相关。在处理不同事务的过程中，形成了不同的公文文体，从而使公文文体具备了因事而异的规律和特点。《尚书》中有“典”“谟”“咨”等古老的公文体式，它们分别对应着相应的功能和适用场景。

公文文体的特点，与文学作品有很大的不同。从语言表达的角度来看，文学作品重视写意，而公文则注重写实。徐望之认为，从主题确定角度来说，公文重在解决问题，“不标奇，不立异”；从语言表达角度来说，“应言之言，虽千百次相同，不嫌其复也。不应言之言，虽偶一言之，亦非所许”。也就是说公文的语言要字字有事、字字有实，不能虚构，所写的事情前因后果要真实可靠，尊重事实，符合事物内在的发展规律和外在呈现的客观状态。另外，从公文的功用角度来说，公文不以抒情为主，而以说理为主，“大半公文，言情时少，言理时多”。“公文本质，重论断，故其言简要；尤重实际，故须有办法，有理论无办法者，不得谓之公文；有办法而不易见诸实行者，亦不谓之好公文。”

公文文体以叙事和说理为主要表达方式，而“理”源于对事物的深入思考。“理”离不开具体的事情和事务，叙述事情和阐明事物内在道理就成为公文写作的主要表达目的和功能，而所有的内容都以叙事为基础，偏离具体事务的道理是空洞乏力的，因而公文的文体名称常常是因事而得名。例如，“诰”是帝王对臣民进行劝告、诫勉或者封赏，表达的是具体的事情；“敕”的意义在于警示、规劝或整饬，是皇帝对臣民进行告诫、训令时使用的公文文体。在现代公文中，“通知”常常在需要落实具体事情时使用；“函”是因为具体事情而向对方发出的意向表达，表明观点或者征求意见，在文章之中需要叙述事情的因果和问题之所在。公文以实用性为基本价值和审美特征，这是由公文的性质、用途及其在公务活动中的重要作用等多方面因素来决定的。另外，在表达方式上，公文具有以叙事为主的特征。这些特点相互融合，使得公文自成一类，与其他文学体裁有着显著区别。

（二）公文写作及审美以体式为基

每一种公文文体都有自己独立的体式要求，正是这些严格的体式规则，才使公文写作一般要按照固定的格式和语言表达风格来进行，否则，写出的公文不符合体式要求，与公文的语境不适应，难以获得想要的效果和目的。特别是在当下，电子储存媒介被运用到公文管理之中，规范的公文体式亦有利于公文的管理、存储和查询。

公文的体式是公文最基本的外在特征，是公文写作和审美的逻辑基础。李建中认为“文学是文体的艺术”，文章的“体裁与体貌是‘体’的两个侧面”。公文也是如此，公文的体式、体制规则正是公文写作的规矩所在，正如顾尔行所言：“尝谓陶者尚型，冶者尚范，方者尚矩，圆者尚规，文章之有体也，此陶冶之型范，而方圆之规矩也。”公文的体式规则是写作公文的“模”和“范”，限定着公文写作的具体格式和语言表达方式，也规定着各种不同的公文文种。

公文的体式决定着公文的类型，使公文所以成为公文而不是其他文体作品。因此，公文写作在长期的实践之中，约定俗成了许多公文文体，这些相对固定的文体，正是刘勰所说的“有常”。而公文的语言表达则可以在“尊体”的前提下，进行艺术变化，形成“无常”之法。当然，无论语言表达怎样变化，都必须尊重公文写作的基本体式。

（三）写实的语言是公文的辨体特征

文章是语言的艺术，因而文章的辨体也是基于语言进行的。语言是文章写作的基本要素，更是关键要素。语言与文章的关系如同丝布与衣服的关系，没有适合的丝布难以制成华美的衣服，没有适合的语言也就难以写成优美的文章。公文文体的主要特征是通过公文语言的组合形式和语言风格体现出来的。只有建立在语言基础上的辨体才是真正的公文辨体，而写实与虚构也成为区别公文与文学作品的主要标准。

不同文体的语言风格不同，源于文体的功能和使用场合的不同。刘勰说：“授官选贤，则义炳重离之辉；优文封策，则气含风雨之润；敕戒恒诰，则笔吐星汉之华；治戎燮伐，则声有洊雷之威。”强调了公文文体与语言风格之间互相依存的关系，更强调了不同的公文文体的确立依赖于不同的语言风格。但是，不论语言如何艺术化，写实的语言态度始终是公文辨体的基本特征。

公文写作重视写实，情感要真实，文中所写人物和事情也要真实，数据更要尊重事实，不可虚夸和编造。从语言风格的角度来说，公文的语言要庄重平实，态度要诚实，这是公文写作的一般要求。从写作思路上来说，朱熹认为“作文须是靠实，说得有条理，不可驾空纤巧”。从句式形式来说，公文不追求对偶、骈俪。“公文则尚散文，而不尚骈体”，因为散文“深沉温厚为本”。写实的语貌特征，恰恰就是公文最重要的辨体根据和审美观照点。

公文写实的语言，还体现在语言表达上力求简洁精准，用最简明扼要的语言表达完整的意思。古代文论所说“析薪之理”，现代文论所说“一字入公文，九牛拔不出”，强调的都是语言的精准和简明，即公文写作既要追求语言的准确性，也要追求语言的简约性，力求达到言简意赅、言约义丰的表达效果。这是公文语言追求的高超境界。

第二节　论古代公文名称的物性特征和事性特征

中国文化与西方文化的重要区别之一，在于对人与自然关系的理解，中国传统文化比较重视人和自然的和谐关系。天人合一的思想影响着人们对事物的认知，引导着人们从自然界中寻找智慧和希望。具体到事物的命名，中国文化总是表现出对自然的亲近。任何事物的名称都与自然生活和社会生活密切相关，公文文体的名称也体现出同样的思维特征。有些公文的名称体现了鲜明的自然物质属性，有些公文的名称带有鲜明的生活和社会事务印记，这样就形成了公文文体名称突出的物性特征和事性特征。

一、公文名称的物性特征

文论已对公文文体名称的物性特征和事性特征有所表述。徐望之在《公牍通论》中说："大抵文书之名称，有因物以得名，如简、册、符、契之类是也。又或因事以得名，如训、诰、誓、命之类是也。"

公文不论是因物得名的，还是以物命名的，体现的都是公文名称的物性特征，折射出的是公文乃至公文写作活动从古朴起始的文化起因，也体现着公文与生产劳动密切相关的农业文明特征，这是中国公文文体内隐的逻辑思维范式。正如朱志荣所说，"中国古代文论的思想是一种诗性思维。它始终不脱离感性形态，具有不即不离、若即若离的特征"。

汉字的产生与物质条件密切相关。象形字、会意字、指事字，都在很大程度上体现了自然的物性特征，是人这一主体对自然这一客体的主观性认识形成之后产生的。例如，山、水、草、木，都是直接指向物性的象形；从、林、尘、明，在指向物性的基础上形成了会意特征；上、下、本、末，用符号指示着物象的部位或者方位意义，形成了物性化的文字符号。即使是形声字，也有较强的指物特征，例如，同形旁形声字大多指向形旁所代表的物象意义，如枝、材、棒、板都离不开树木的意义，这些字以显性的物性的"木"为基础，加上抽象的声旁意义，形成了形声字的思维特征。

汉字的物质意义，决定了公文名称的物性特征。第一，公文名称要用汉字表达，没有汉字就无法为公文命名，也无法保留公文的文体名称。第二，古代公文名称多用单个汉字表示，直接使用了汉字的物性特征。

例如，“册”“策”是一组同类公文文体名称，它们与制成“册”“策”的木板、竹板、木棍都有意义关联。《辞海》对“策”的解释是“策通‘册’，古代用竹片或木片记事著书，成编的叫‘策’”。吴讷在《文章辨体序说》中写道：

按《汉书》，天子所下之书有四：一曰策书。注曰“策者，编简也。其制长二尺，短者半之。篆书，起维年月日，以命诸侯王公。若三公以罪免，亦赐策，则用一尺木而隶书之。”

又按唐《百官志》曰：“王言有七，一曰册书，立皇后、皇太子，封诸王则用之。”

《说文》云：“册者，符命也。诸侯进受于王，象其札一长一短，中有二编之形。”当作册，古文作笧。盖册、策二字通用。至唐宋后不用竹简，以金玉为册，故专谓之册也。若其文辞体制，则相祖述云。

以上阐述告诉我们三个信息，一是“册”与“策”在公文学上是通用的，具有同源性，而且同音同义，相互关联；二是不论“册”还是“策”，都与木板、竹片相关；三是“册”的物质属性随着生产力发展水平的提高和社会生活方式的改变，发生了物质形态的变化，由木质、竹质发展为使用金玉材料制成，它们只是物质形态的不同，但特征没有变。当然，随着时代更迭，从以木片和竹简为主到以金石为主，公文载体的物质属性发生了明显的变化，但是从“册”的象形意义来看，也不难想象到古代“册”的编制形态的物性特征。这也是公文文体的远古意义在现代文化场域中的有效留存，具有文字学和公牍学的考证价值。

又如，“露布”顾名思义是把写有文字的布帛故意暴露出来，这里的“布”可以理解为与“帛”同义。“露布”就是把文字写在“帛”上，且不封口，这一名称从这种原始的物性意义上可以得到通俗的理解。《文心雕龙》中说：“露布者，盖露板不封，播诸视听也。”即广泛告诉大家，让众人听到、看到发布的信息。《通典》云：“元魏攻战克捷，欲天下闻知，乃书帛建于漆竿上，名为露布。”可见露布这一公文文体的主要作用在于向天下人报告战争的消息。这种名称中所包含的通俗而显在的物质性意义，恰恰是这个公文名称的显著特性。

公文文体名称的物性特征是与中国传统文化思维方式密切相关的，公文文体名称背后隐藏着古代人民对自然和生活的基本情感，以及对农业生产的认知。例如，“檄”这种文体多用于军队中传递战争信息。古代军队中用来声讨敌对势力的文书，或者用来征兵的文书，是把文字写在比较长的木片或者竹简上，表示非常重视、非常紧急。如果在军队中传递战争信息，则在木棍上插上羽毛作为特殊标志。这样看来，“檄”本来就是公文文字的一种载体形式，“檄”字与植物密切相关，用于公文名称时为什么会有宣战、征兵等含义呢？这是古人寓情感、思想于自然之物的一种思维方式。古人对社会生活的认知是建立在自然观基础上的主体观和反映观，许多观念的建立也会和人们的自然观相关联。

又如，“笺”“札子”“牒”，都是篇幅比较短小的文书，它们名称所指向的物质形式，以短小为特征。“笺”是小的纸张，借以指给别人的书信、信札。“笺”字本身字形与竹子的关系，以及作为公文名称的“笺”与小竹片的原初关联，都体现着“笺”这种公文名称蕴含的对自然熟知、亲近的情感态度和价值认同。“札子”和“牒”最早都是书写在小而薄的竹简或木片上的，因此也与植物有着密切的渊源关系。

古人造字是从认知自然开始的，公文命名也是从对自然界亲近、对生活情感亲近的心灵角度开始的。朱志荣认为“中国古代的文论家，不长于概念间的推导和纯思辨的析理”。离开自然界和真实的生活，人的想象力可能会受到极大的限制，对抽象意义的设定和寄托，就会中断途径，从而陷于无根的空泛境地。因而，以自然物质为基础和出发点思考公文文体名称的确定和含义，是一种较为便捷且有效的思路。

在公文文体体系建构的过程中，从自然物性走向社会抽象的发展演变，成为公文文体名称建构的基本规律。随着生产资料的改进、生产方式的变革、生产力发展水平的提高，人们对事物的认知开始从自然走向社会和生活，从形象化走向抽象化。当人们能够更深入地利用和影响自然时，公文文体名称将逐渐远离物质属性，走向抽象的社会属性。

二、公文名称的事性特征

公文是以处理公共事务为主要功能的文书。徐望之在《公牍通论》中明确指出，公文是“国家或地方机关相互间及与人民或团体相互间，为意思表示于一定程式之文书”。事务性成为界定公文定义和特征的重要标尺。李昌远认为，公文是“公文法定作者在实施公务管理过程中经过一定处理程序，形成并使用的具有法定效力与规范体式的文书”。《党政机关公文处理工作条例》中指出：“公文是党政机关实施领导、履行职能、处理公务的具有特定效力和规范体式的文书。”从不同时代、不同视角对公文的界定来看，公文体现的都是集体意志和行为导向，指向的是如何处理公共事务，如何有效解决社会生活、生产劳动和社会治理中发生、存在的问题。因此，处理公务是公文的主要功能，这样，公文就具有了很强的指事性特征。这也说明在公共事务处理与公文名称之间，存在着直接或者间接的关联，先有事务，后有公文名称，二者以处理日常事务、解决社会问题、推动社会治理为纽带，形成意义上的关联。

例如，“训”“谟”“誓”都是我国古代用来处理公共事务的公文文种，发挥着沟通交流、传达意志的价值功能。其中，“谟”是谋划、规划的意思。在古代公文中，君臣商量治国之策的“谟”，体现的是治理国家、处理公共事务的“事务性”思想。例如，《尚书·皋陶谟》中记载：

曰若稽古，皋陶曰：“允迪厥德，谟明弼谐。”禹曰：“俞！如何？”皋陶曰：“都！慎厥身修，思永。惇叙九族，庶明厉翼，迩可远在兹。”禹拜昌言曰：“俞。”

皋陶曰：“都！在知人，在安民。”禹曰：“吁！咸若时，惟帝其难之。知人则哲，能官人。安民则惠，黎民怀之。能哲而惠，何忧乎欢兜？何迁乎有苗？何畏乎巧言令色孔壬？”

……

帝曰：“来，禹，汝亦昌言。”禹拜曰：“都！帝，予何言？予思日孜孜。”皋陶曰：“吁！如何？”禹曰：“洪水滔天，浩浩怀山襄陵，下民昏垫。予乘四载，随山刊木。暨益奏庶鲜食，予决九川距四海，浚畎浍距川。暨稷播，奏庶艰食鲜食，懋迁有无化居，烝民乃粒，万邦作乂。”皋陶曰：“俞！师汝昌言。”

《皋陶谟》写的是帝舜、皋陶和禹在一起商量好政策的事情，谋划性、规划性很鲜明。在《皋陶谟》中，皋陶、大禹的语言很有情境感，对话式的表达形式和口语化的语言风格，显示出谋事的场景性和情境感。皋陶从修养品德、知人善任、用心安民等善政角度来阐述治国的思想，禹则从为官勤奋努力、解决百姓生活困难等具体行动来阐述惠及民生的治国理政的好方法。这些都是谋划的形式和内容，体现出“谟”的事务性和公务活动的指事性特征。

在所有的公文文体名称中，指事性特征明显的名称占据多数，且这类公文文体大致可以分为三类：一是主动表达意志或者发布信息的公文文体，二是被动答复性公文文体，三是公开布置的公文文体。

主动表达意志类的，也是主动施事的，主要是上级对下级发布命令、提出要求，体现统治者或者集体意志的公文。这类公文文体名称有上级对下级的训、诫、诰、谕；下级对上级的奏、章、箴、檄之类。上级对下级主动表达意见和旨意的公文，一般权威性比较强，主动性也很强；下级对上级的主动请示、呈示、上表、上书，都属于主动施加意见的公文文体，常常因涉及具体的事项和公务，不得已而行文。

被动答复性的，也是被动受事的，主要是针对对方提出的问题、咨询等给予答复，有时候是单一性回复。比如，针对上级对下级的咨询，下级及时作出回复，一般是一次回复即为终止；而不相隶属的单位之间互相咨询、答复，或者因办理业务而往来转换公文，可能需要多次反复。古代公文中的“对”“谟”“呈”“公移”等，都属于被动性答复的公文文体。

公开布置的，是因为一定群体或者社会公共需要而公开某项事务的处置意见或办法而形成的公文。古代公文中的“教”“露布”“誓”“诏”都属于这类文体类型。现代公文中的通知、公告、公示、公报，也是向社会或者特定群体公布决议、发布消息、布置工作任务等的公文。

三、公文名称的物性和事性特征的演变

公文的名称是随着社会发展而确定、变革或消亡的，也会随着生产方式、生产力水平的发展变化而不断演变。因此，在公文发展史中，公文名称不断发展演变，其物质属性和事务属性也在不断消长演变。

公文名称的消长演变，一方面是由于原始物性本体被新的物质载体所取代，比如，“札子”后来被“牒”“奏”所取代；另一方面是由于物质属性的形象化因生产方式变革而走向抽象变化，例如，“册”“策”最初的物质属性很强，但随着木板、竹简这些物质载体被帛、纸张或金玉所取代，因而在汉代之后的“册”“策”已经失去了最初的物质属性，而且“策”也在魏晋之后更名为“册”，“策”的物质属性开始消亡。“露布”本来是指将写有文字的帛挂在漆竿上，而到了唐代之后，不再把帛挂在漆竿上，而是采用张贴的形式向社会公布，或者直接用写有文字的帛、纸张传送战

争捷报，使得“露布”最初的形象化的物质属性逐渐淡化。

“契”是古代的一种公文名称，徐望之认为“契”是始于三代之前的公文名称，“契，券也。《说文》‘大部’，契者，刻也；‘刀部’，券者，契也。是契与券异名同实。周时狱讼之要词曰契。两书一扎，同而别之，分刻其旁，使可两合为信。”可见，契本是刻在木板或金属上的凭证性的公文文体，一式两份，两者合而为一才能起到凭证作用。但是，随着生产力水平的提升，原来的木板被纸张、布帛所取代，“契”这一文体虽然保留使用，但已经完全变成抽象意义的凭证了。

“诰”的发展变化很频繁，从名称到功能，都在随着朝代更迭而不断变化。按照徐师曾的解释，“诰”在名称上与“制”“告”“制诰”相关联，三代之前，“诰”与“告”同名同义，秦代只有“制诰”而不再使用“诰”，汉代用“诰”而不用“制”，宋代则“诰”与“制”并用。降及明代，仍有“制”“诰”同用现象。诰、告、制都是描述一种动作的指示性公文的名称。

有些公文名称一直没有变化，但其所指的事情内涵发生了变化。因为客观事物发生变化，而导致公文名称由起初所指向的事情转向其他事情。这样，虽然仍使用原来的公文名称，但公文名称的内涵却与起初不同了。例如，“牒”在汉代之前主要是凭证，物性特征很强，但到了明清时期，则变成了书面的信函式文书，物性特征和事性所指都发生了变化。

又如，“敕”本义是警告的意思，但在演变中有了奖励、辩论等多重含义。从汉代开始，“敕”成为公文名称，到民国时期，才废止不用。“敕”的本义是“诫敕”，许慎认为“敕，诫也”，诫敕也，二字互训。刘勰认为：“敕者，正也。”从刘勰的观点来看，“敕”在汉代是用于君主对臣下不良行为进行劝诫、批评和教育的公文，目的是整顿秩序，推动政风建设，以批评教育为主要功能。而到了唐代，“敕”既可以用于警示，叫作“发敕”，也可以议论政事，叫作“论事敕书”，所指向的事情已经由批评教育扩大到议论政事，其指事性已经很宽泛了。宋代的“敕”有用于警示和惩戒的，也有用于训谕军民的，还有用于嘉奖褒扬的，不再仅仅局限于警示、整饬了。徐望之就说：“盖敕有戒义，故又称戒敕。但自唐至清，奖谕封赠之书，亦称为敕，则名实乖违矣。”

当然，一些特殊的公文文体名称，既有物性特征，也同时具有事性特征，体现着二者的结合。例如，“碑”既可以指石碑这一物质属性，也指立石为碑这一行为，如《文心雕龙》中说："碑者，埤也。上古帝王，纪号封禅，树石埤岳，故曰碑也。"又如，"檄"是要把紧急事情或者战果写下来，让人们知晓，而《文心雕龙》中对"檄"的理解："檄者，皦也。宣布于外，皦然明白也。"这是檄的事实性特征；《文心雕龙》接下来又说："张仪《檄楚》，书以尺二，明白之文，或称露布"，则是说檄文写在一尺二寸长的木板上，这又揭示了"檄"的物性特征。任何公文写作都离不开具体的事情，而公文文体在约定俗成的形成过程中，又记忆着文体背后的物质属性。

纵观古代公文名称，一方面，人们从自然界中寻找质朴而简明的名称作为公文文体的名称，这便于记忆和传诵，又有助于公文文体发展。物质属性是古代人民认知事物的思维起点，也是古人尊重自然的情感基础。另一方面，由于公文写作是一种社会活动，所以事务性便成为公文文体的基本属性。古人站在这样的认知角度对公文名称给予定义，形象地展示了公文写作和审美过程中的社会属性，也突出了公文的基本功能，即处理社会事务，更好地推动社会发展和治理。了解古代公文文体名称的两个基本属性，对于研究公文文体的基本特征具有重要意义。

第二章　古代公文分体特征论

第一节　论命、令、诏类文体的发展演变及其功能关联

在中国古代公文文体系统中，命、令、诏三种文体相互依存，同命运、共消亡，不仅在文体风格上有关联性，而且在功能上也有密不可分的内在关联性。

一、从“训令”开始

民国时期的训令，是集训和令为一体的公文文体。训产生于先秦时期，三代时期就开始使用，徐望之认为：“始见于《尚书·盘庚》篇，后世公文无此名称，惟民国以令之有所训饬者，曰训令。”《尚书·盘庚》中是这样写的：“王若曰：‘格汝众，予告汝训汝，猷黜乃心，无傲从康。’”《盘庚》是一组讲话记录，记录盘庚迁都前后对臣民的三次讲话，分为三篇。当时盘庚已经成为商王，因此，这组讲话记录可以算作“训”类公文。

当然，在《尚书》中，“训”字不仅仅出现在《盘庚》三篇中，还出现于某些文章标题中，例如，古文《尚书》中的《伊训》。该文的主要内容是商朝重臣伊尹对新登基王位的太甲的告诫，规劝太甲以德治国、宽厚爱人，要制定并完善“人纪”，并要自我检省，取信于民。当时成汤已经离世，他的孙子太甲继承王位，而伊尹是辅佐成汤战胜夏朝、建立商朝的元老。伊尹对年幼贪图享受的太甲进行了一些治国理政道理、方法的教育，因此他作《伊训》《肆命》等送给太甲，“伊尹乃明言烈祖之成德，以训于王”。从这里可以看出，“训”已经成为一种公文文体。

在《盘庚》中，“训”与“命”密切相关，既可以把盘庚的讲话看作“训”，也可以视其为“命”。因为在这组讲话中，训与命同时使用。在文中多次出现“命”字。例如，《盘庚》中记载：

盘庚乃登，进厥民。曰：“明听朕言，无荒失朕命！呜呼！古我前后，罔不惟民之承保，后胥戚鲜，以不浮于天时。殷降大虐，先王不怀厥攸作，视民利用迁。汝曷弗念我古后之闻？承汝俾汝，惟喜康共，非汝有咎比于罚。予若吁怀兹新邑，亦惟汝故，以丕从厥志。……今予命汝一，无

起秽以自臭，恐人倚乃身，迂乃心。予迓续乃命于天，予岂汝威，用奉畜汝众。”

盘庚对臣民说的话可以用“命”来表达，同时也可以用“训”来表示，在这里，训、命应该是同类型的公文文体，功能非常相似，只是内容的长短或主题有所不同，但这在先秦时期的文献中很难找到直接例证。

“训”为教导之义，“训，导也。导即教导之谓”。既然是教导，则不分尊卑贵贱，谁都可以使用这种文体和文体所代表的行为。在先秦时期，君王可以向臣民发表“训”，阐述有关道理和要求；臣下也可以向君王发表“训”，阐述自己的观点，对君王的言行、治理方法提出劝诫和建议。例如，《尚书》中的《伊训》篇，就是商朝重臣伊尹对商王太甲的劝诫之辞，“成汤既没，太甲元年，伊尹作《伊训》《肆命》《徂后》。惟元祀十有二月乙丑，伊尹祠于先王。奉嗣王祗见厥祖，侯甸群后咸在，百官总己以听冢宰。伊尹乃明言烈祖之成德，以训于王”。

可惜的是，“训”这种文体在三代之后不再使用，直到民国时期，才有“训令”一体，徐望之认为“乃就令之有训示之义者，称训令，并规定为一种主动下行文之公文”。而且在民国时期，只要是上级对下级的教诲、教导、安排公务等，都可以叫作训令。这已经远离了先秦时期“训”的文体功能和特征，带有鲜明的等级观念和绝对服从意识，因而“训”也只在民国时期使用，此后即被废止。

由此可以得出两个结论，一是在三代之后，“训”作为一种公文名称已经被停止使用了，其功能可能被其他文体取代了；二是民国时期出现的“训令”，是对先秦时期的“训”的一种继承和发展，但其下行文的行文方向与先秦时期上下皆可的行文方向不同。如果“训”一直保持着先秦时期上行下行皆可的行文特征，那么，就会导致“训”“训令”在行文方向上的矛盾，出现混乱，“训”作为一种公文文体的稳定性就不会很强。但是，当“训”与“令”结合为“训令”之后，“训”的上行文方向被废除，只保留了下行文的行文特征，这样，“训令”成为下行文就很有说服力，“训”与“命”“令”等文体就聚合而成为一类公文文体了。

二、令从何来

中国封建社会是以宗法观念和制度作为支撑的社会形式，上级对下级的绝对权威需要在公文中有所体现。“训令”实际上是宗法等级制度的一种产物。但是，我们需要探讨一个与“训令”相关的公文文体——“令”。“令”主要用于什么场合或者关系结构之中？“令”从何来呢？

“令”从宗法等级制度中来。“令”最早出现在《尚书》中，《尚书·周官》中有“凡我有官之君子，钦乃攸司，慎乃出令。令出惟行，弗惟反”。但这里的“令”不是一种公文文体，其真正作为一种公文文体名称使用，是从秦代开始的，“洎秦孝公下令国中，始有文字可见，厥后秦法王后太子言称令”。事实上，秦代的“令”在功能上是与“命”相关的。秦国制度规定，秦国国君之言为“命”，王后太子之言为“令”，显然，“令”与“命”都属于统治者的“王言”系列。不同的是，“命”的权威性高于“令”，“命”是真正的“王言”。“命”与“令”各有各的使用主体，各有各的功能和使用范围，这样不至于混淆杂糅，也与封建社会谨严的等级秩序相适应。

在汉代，地方诸侯的“王言”也叫作“令”，大臣们也可以下令，它成为使用范围很广的一种公文文体，即从秦代王后太子之言，扩大到大臣、将军都可以使用的一种文体。例如，汉献帝时期，曹操就经常使用“令”这种文体，中华书局1959年出版的《曹操集》中有76篇令，其中，《置屯田令》是曹操在建安元年颁布的一道令。这时候的曹操只是车骑将军，地位还没有袁绍高，但曹操可以发布置田令。

唐代基本没有使用“令”这种文体，皇帝发布的命令称作“发敕”。北宋时期，诰与命结合，形成了“诰命”，是皇帝用于任命、封赐官僚官位和爵禄的文体，而“御札”是皇帝公布登封、郊祀、宗祀等号令时使用的一种文体。北宋灭亡，南宋成立，皇帝发布的文书又叫作“圣旨”，用于皇帝颁布日常的政令；而皇太子、诸王颁布命令时候使用的是“令旨”。到了民国时期，上级对下级的公文都可以叫作“令”。

三、命与令同体

“令”是源于“命”的一种文体，与“命”同源同体，二者在意义上相互关联，亲缘关系非常紧密。“命”的起源很早，属于“王言”系列，带有鲜明的君王色彩，具有强烈的权威性。徐望之认为，在早期的公文文体命名上，“命”与“令”具有同样的意义，“命，使也，令也”。

“命”从轩辕唐虞时期就已经产生并使用，在《尚书》中有《摄命》

《顾命》等篇，是古代帝王对臣下所说的话。秦代改“命”为“制”，形成了“制”“令”同用并有细微区别的文体现象，“命”这种文体也因此不再单独用于帝王之言，此后的帝王之言多用“诏”，而“命”则成为王后、大臣们都可以使用的文体。《三国志》记载，汉灵帝去世之后，大将军何进与袁绍合谋诛杀宦官，“中常侍段珪等矫太后命，召进入议，遂杀之”。宦官们假借太后的“命”来诛杀何进，由此可见，“命”已经不是皇帝的专用文体了。

“命”始于《尧典》之命官，是下行文，主要用于上对下的任命和委任，《尚书·尧典》中说：“乃命羲和，钦若昊天历象——日月星辰，敬授民时。”于是尧任命羲氏与和氏负责历法天象，为农业生产提供时令气候方面的知识。尧帝还任命了羲仲、羲叔、和仲、和叔等负责在不同区位祭祀上天，任命夔为乐正、龙为纳言之官。当然，“命”与“令”是有一定分工的，也因此有一定的特征区别，“大曰命，小曰令，上出曰命，下禀曰令”。这是“命”这一文体功能的进一步分化，形成了“令”接续“命”这一文体部分功能并与“命”同体同用的公文文体格局。

“命”在秦代发生了变化，改“命”为“制”，于是“制”成为国家制度的文体形式，适应了秦代依法治国、严格法律制度体系的治理需求和发展理念。同时，将“令”改为“诏”，表达制度以外的王言。当然，此时的“诏”不再具有“令”的广泛用途了，只能是天子使用。这样，就形成了“制、令、诏”同时使用、各有分工的公文体系格局。这既体现了制度的集体性，又维护了帝王个人的专制意志，强化了秦代的封建帝制。

曹操是发布令比较多的政治家，中华书局1959年出版的《曹操集》中收录了曹操的令文共计76篇。而这些“令”文又充分体现出曹操作为挟天子而令诸侯的政治权贵的威严性和权力观。比如《让县自明本志令》，既能体现曹操超越公侯权力而发布命令的傲慢，也能体现曹操“君临天下”的权贵姿态。以其中一段为例：

今孤言此，若为自大，欲人言尽，故无讳耳。设使国家无有孤，不知当几人称帝，几人称王！或者人见孤强盛，又性不信天命之事，恐私心相评，言有不逊之志，妄相忖度，每用耿耿。齐桓、晋文所以垂称至今日者，以其兵势广大，犹能奉事周室也。《论语》云：“三分天下有其二，以服事殷，周之德可谓至德矣。”夫能以大事小也。昔乐毅走赵，赵王欲与之图燕。乐毅伏而垂泣，对曰："臣事昭王，犹事大王；臣若获戾，放在他国，没世然后已，不忍谋赵之徒隶，况燕后嗣乎！"胡亥之杀蒙恬也，恬曰："自吾先人及至子孙，积信于秦三世矣；今臣将兵三十余万，其势足以背叛，然自知必死而守义者，不敢辱先人之教以忘先王也。"孤每读此二人书，未尝不怆然流涕也。孤祖、父以至孤身，皆当亲重之任，可谓见信者矣，以及子桓兄弟，过于三世矣。

在这段文字中，曹操自比齐桓公、晋文公，其自傲心理和专权意识溢于言表。曹操自认为在军阀混战的汉末时代，没有人能和自己抗衡，只有自己才是能够平定混乱、实现社会大治的英雄豪杰，因此，他所写的虽然是"令"，从文体功能角度来说，符合公侯卿相用"令"的权力秩序，但从语气和内容角度来说，则充分体现了天子才能使用的"命"的文体特征。这是典型的"命""令"同体的范文。

但在当代，"命""令"同用仍然是公文文体的基本现象，"令"也成为"命"这一文体的历史赓续。

四、诏的功能和特征

"诏"是下行文，用于天子对臣民宣布法律制度之外的特殊事项、任免和决定，是封建时代使用范围广、权威性强、个人意志突出的一种广义性文体。

徐望之认为，周代的君臣都可以用"诏"，那时的"诏"是告诉人们一件事情或者一项决定时使用的文体，"诏者，召而与言也"。周代之前君臣同用"诏"，秦代改"诏"为"令"，为王后和太子使用，提升了"令"的使用主体地位，当然也限制了"诏"的使用主体范围。"诏"成为封建统治者特用的文体，增强了这种文体的集权性。因此，现存典籍中未见三代时期的"诏"的文本于典籍之中，也是很正常的现象。

唐武则天时期，为了避讳"曌"而改"诏"为"制"，中唐时期又把"制"改回了"诏"，而且唐代之后，"诏"的使用成为常态，多种事项都可以用"诏"，只是使用主体没有发生变化。

综上所述，命、令、诏三种文体是古代相近的文体类型，或者说是同类文体。由命到令，文体的使用范围缩小，功能也受到严格的限制，体现了社会制度发生变化之后，公文写作也发生了变化，以适应并服务于封建制度的形成和巩固。再从令发展到诏，使用范围进一步变窄，公文的权威性进一步加强，公文的“公务”性进一步得到确定。这是中国古代公文发展演变的一种共性现象。

当然，在公文使用主体和功能发生变化的过程中，命、令、诏的行文方向一直没有发生变化，这是命令类文体的基本特征。直到封建制度被推翻，封建帝王的权威地位被颠覆之后，诏才从公文体系中退场，而命、令在适应新的社会制度需要的前提下，经过改造，成为近代公文体系中仍然使用的文体。随着社会主义制度的确立，命、令文体也不再具有封建帝王思想，转而成为以人民为中心的国家意志的表达载体。

五、命、令、诏的历史宿命

公文文体是随着社会历史变化而不断发展变化的，从文体名称的变化到使用主体的变化，再到文体功能的进化，都见证着社会形态与治国理念的发展和进步。

公文名称虽然只是一种基本的形态或者意义的符号，但在这种符号背后，却隐藏着一定的世事变迁和哲学认知方式。世事变迁在一定程度上推动着公文名称的变化和公文内涵的变化，不同时期不同的公文名称也在一定程度上反映着不同时代人们的哲学认知思维、政治追求、审美取向和精神状态。在这种从形式到内在不断变化的过程中，公文的名称不断发生变化、更迭，甚至消亡、新生。

“命”这一文体名称，从古代到现代，一直都在使用，现代常用的“命令”一词，也是对古代公文名称的继承和改造。从三代时期一般意义上的要求，到封建时代的封建帝王、权贵皇亲使用的绝对权力性文体，发展到近代的资产阶级、军阀集团使用的集权性文体，再到现代社会以人民为主体的国家使用的文体，其名称未变，基本功能没变，而使用者的性质、身份发生了变化。

“诏”的文体命运则随着封建制度的发展而发展，随着封建制度的颠覆而消失。作为封建最高统治者使用的文体，“诏”曾经是中国封建社会最具权力性的文体，其适应的群体只能是极少数的最高统治者。正因如此，这种文体在封建制度灭亡后，随之退出历史舞台，且不再产生赓续它的新的文体。过去最具权威性的文体，也是最没有发展潜力和未来的文体。这是历史的规律，也是历史给予古代文体的一种宿命安排。

第二节 咨和移的文体特征及功能的相互融合性

在中国古代公文文体体系中，咨、移都属于平行文，是咨询、谋划、商量公务的文体。因它们具有相似的文体功能，因此，可以把咨、移归为一个文体类群。其中，咨的使用比较早，在先秦时期已有使用，秦代之后其部分功能被“移”所代替，从而形成了“咨”“移”并存的公文文体格局。到了民国时期，又有新的文体“咨呈”出现，其行文方向已经变为上行文。深入分析咨、移、咨呈文体的关系，可以对这类公文有一个清晰的了解。

一、咨的文体形成、演变和格式规范

“咨”是一种历史比较久远的公文文体，在先秦时期就已出现并在典籍中可以找到例证。“咨”的意思是咨询、谋划、商谈，是君臣在一起商量政务的过程中，君王对臣下就某件事情咨询如何解决、有什么路径和方法的记载。

徐望之认为：“咨，询也，又谋也。”由此可知，咨的本义是询问或者谋划事情，是一种对话性文体。关于“咨”的行文方向，在先秦经典著作中，一般是帝王向臣下咨询、询问某件事情的经过或者解决办法。从谋划事情的角度来看，“咨”用于君臣之间平等地商量事情、解决公务，这种文体似乎属于平行文。但我们确定公文文体的类型时，应该从公文文体自身的特性来进行定义，因此，按照行文方向，“咨”属于下行文。徐望之只是从这种文体的功能角度进行界定，并没有从行文的方向角度进行界定。

在先秦经典著作中出现的“咨”，开始并不是一种独立的公文文体，而只是一种问话、询问的动作和方式。“考咨字始见于《尚书》，如咨四岳，咨十二牧。咨羲和、咨尔舜之类，皆面询之词，非文书之称。”在《尚书·尧典》中，帝尧与大臣商议治国理政的思想或策略的时候，就咨询过羲和、羲仲、舜、十二牧等大臣，征求他们对四时节气、教化风俗、治理水患等重大事项的意见，并在广泛征求意见的基础上，作出人员分工和治国理政的要求，突显了“咨”的对话情境和功能。而在后世的公务活

动中，咨继承了这种功能，并因此而形成相对固定的公文文体“咨”。

“咨”正式成为一种独立公文文体是在宋代。“咨始于宋，惟学士院用之。自元迄清，地位较高之敌体机关往还文书皆用咨。入民国后，其用尤广。”徐望之的这段描述，实际确认了“咨”在宋代之后，行文方向发生了变化，由先秦时代的下行文，演变成了宋元时期的平行文。在宋代之后，“咨”的使用主体发生了变化，帝王不再使用“咨”，这种文体主要在地位、职权相当的“敌体机关”之间使用。宋代学士院可以使用“咨”这种文体，帝王和大臣之间商量政事已经形成一种臣下对帝王的建议、奏疏形式，不再是帝王向臣下咨询事情的平等关系。从元代到清代，“咨”主要用于地位较高的对等机关之间的咨询、商榷等活动中，一般机关不能使用。到了民国时期，“咨”的使用范围得以扩大。

“咨”的格式从比较随意发展到规范化。在先秦时期，“咨”没有固定的格式，也没有独立的典范例文作为借鉴。到了宋代之后，咨这种文体的写作格式开始规范化。“《明会典》载咨之程式，首称：‘某部为某事云云’，末云：‘合行移咨，请照验施行，须至咨者。’后书：‘右咨某都指挥使司’，次书：‘某年月日咨，尚书押，侍郎押。’”在文章的开头，要交代咨询机关和被咨询机关的名称，在两个机关之间建立对话关系；同时，要交代咨询的事项，点明主旨。在文章的末尾要向对方提出协助验证真伪并给予及时回复的咨询要求。这种写作格式的相对固化，使“咨”这种文体的格式进一步规范，也形成了相对稳定的公文文体属性，从而使“咨”的文体独立性被正式确定下来。在格式规范上，主要体现的是语言形式的规范性，而不是内容上的规范化，在一定程度上说明“咨”这种文体开始走向形式规范化，突显了机关之间的等级秩序和权力关系。

民国时期，“咨”在使用方面的程式化得以加强和规范。民国三年(1914)五月改革公文程式：“二曰咨，大总统与立法院往复公文，以咨行之。”“各项咨呈之答复，由国务卿以咨行之。”“各部院对于各地方最高官署之行文，及其他官署地位相等之往复文书，以咨行之。”这说明，在民国初期，作为行政首脑的大总统和作为立法机关的立法院之间，可以用“咨”来沟通业务，互相答复相关事项；各个院部和地方最高行政机关之间，也可以建立对话关系，用“咨”来进行质疑、咨询、答复事项等。在这些对话关系领域，各个机关之间的关系是平等的，因此，它们之间形成的“咨”是平行的。

二、移的文体性质和功能

“移”是一种从咨发展而来的公文文体。所谓“移”，就是移交的意思。某一机关把自己不能独自完成的工作任务移交给相关职能机关，请对应的机关协助办理，共同完成一项工作任务。“移”从春秋时期开始使用，一直到民国时期才废止。

徐望之认为：“移本作遗，春秋时官吏以书相往来者，曰遗书。如《左传·成公七年》，巫臣自晋遗楚子重、子反书。又叔向使贻子产书。贻、遗同声通用，后乃作移，然尚有移书连称，如汉刘歆移书让太常博士，其单称为移，则起于魏晋以后。”是说“移”这种文体本来的名称叫作“贻”或“遗”，贻遗同声通用，因为“移”“贻”同音，所以用“移”来代替“贻”，单称叫作“移”，形成的文书叫作“移书”。可见，“移”本来的意思是本机关已经完成了自己要履行的职责，之后将工作任务送给其他相关机关，由其接着去完成余下的工作。在移交过程中，相关的几个机关之间形成了呼应关系，而这种关系恰恰与“咨”在办理过程中形成的关系相同，二者在行文方式和办理公务活动的性质上具有相似性。因此可以说，“咨”和“移”属于同一类群的公文文体。

“移”的名称在不同朝代有不同的称谓。他并认为：“公移者，诸司相移之词也；其名不一，故以‘公移’括之。”他并在《文体明辨序说》中这样阐述：

唐世，凡下达上，其制有六。二曰状，百官于其长亦为之。其五曰辞，庶人言为辞。其六曰牒，有品已上公文皆称牒。诸司自相质问，其义有三，一曰关，谓关通其事也；二曰刺，谓刺举之也；三曰移，谓移其事于他司也。

宋制：宰执带三省枢密院事出使者，移六部用札；六部移宰执带三省枢密院事出使者，及从官任使副移六部，用申状；六部相移用公牒。……

今制：上逮下者曰照会，曰札付，曰案验，曰帖，曰故牒；下达上者曰咨呈，曰案呈，曰呈，曰牒呈，曰申；诸司相移曰咨，曰牒，曰关；上下通用者曰揭帖。

在唐代，“移”是诸司之间交换文书时使用的一种平行文，不同于下级机关呈交给上级机关的“状”“辞”，它是与提出批评意见的“刺”相关联的文体。“移”在于移交，不需要质疑，而“刺”在于质疑，二者相互关联但又有不同的公务缘由和处理意图。

在宋代，“移”这种文体在不同的公务处理环境中，又衍生出“札”“申状”“公牒”等相互关联的公文文体。它们共同构成平行机关之间办理公务时分工更加细致的公文文体群，而这些公文文体因为功能大致相似，被归为“咨”“移动”类公文文体。

“移”的写作格式，与“咨”基本相同。徐望之在《公牍通论》中说：

《文苑英华》录南济淮阳太守移文，首称“某年月日太岁某官移某官”，末用“故移”二字，此其程式之可见者。唐制，诸司自相质问曰移，宋以后因之。清季武营往来文书及州县相互间用之。其程式内称：“某官某姓为移知事，照得云云，相应备文移知，为此合移贵（机关）请查照施行，须至移动者”。

这说明，“移书”在行文方向上是平行文，它既有公函的意义，也有移交办理的意义。在行文关系上，上下级之间、平行机关之间均可使用。在形式上，“移文”重在形式上的往来反复，而把所述的主要事情和意见作为“移书”的附件，同时交移。

关于“移”的格式，除去涉及公务内容之外，基本是比较烦琐的官场礼节用语，没有实质意义，只用以维系封建官场的等级秩序和情感关系。这种公文语言对于现代公文写作已不再具有审美和借鉴意义。

三、咨和移的功能类别

在历史发展过程中，公文文体不断发生变化，有些公文文体在适应封建等级森严的社会形势以及权力分割的治理体制方面表现出色，它们因满足公务处理需要而产生，又随着公务处理思路和方式的发展变化而发展、消失，或转化为其他公文文体。

“咨”和“移”，是封建时代产生的公文文体。它们在发展过程中，形成了不同的类别和名称。

“咨”在古代既有下行文特点，也有平行文特点。根据功能的不同，“咨”可以分为三种：一种是咨询问题，以求答疑。《尚书》中关于咨的记载，属于此类。二是移交事务，平行机关之间“以交接、转行、会办、商议”等事居多。如《节录胡林翼咨巴副都统筹办受降事宜文》。三是一种特殊的变体“咨呈”，用于下级机关向上级机关咨询事情，“乃从前对于地位略高而无统属关系之机关行文时用之。考其制始于明，六部行文五军都督府，各种承宣布政使司行文六部”。

“咨”的这些类别，体现出中国古代公文文体分工之细致，也体现出古代公文文体并不是一成不变的，而是随着时代发展不断更新、调整、消长。这也是公文文体自身发展的规律。公文文体的发展必须适应社会的发展，这也是章学诚所说的“文用古法，而公式必遵时制”的文论观的体现。文章体制随着时代变化而变化，这既是公文自身发展的规律，也是社会发展的必然结果。

转移、移交，是移文的基本功能。在此基础上，移文的名称一直相对稳定。在春秋至魏晋时代，“移”多用于官吏之间平常的书信来往，所以尚未完全具有现代意义上的公文文体特征。但是，这种功能为确定“移”的基本形态和行文方向奠定了基础。“移”的第二种功能是为公务而进行核验及咨询。在某一公务活动需要几个不同机关相互配合的时候，需要使用“移”这种公文。唐宋时期，把公务移交给其他平行机关时，通常会用到“移”这种公文。

四、咨与移的功能关联及形式异同

（一）有些移文就是咨文

“咨”与“移”的功能在一定情况下是重合的。在明代，“诸司相移者曰咨”。因为公务和文书会在互不隶属的机关之间转移，所以就会有不同的名称，以表示使用的场合不同。在这些特殊的场合中，“移文”就成为“咨文”。下级转移给上级的公务文书叫作咨呈，上级转移给下级的文书叫作照会，而平行机关之间相互转交的公务文书叫作“咨”，这种“咨”其实就是移文的另一种称呼。

（二）有些咨也承载着移的用途和功能

唐代诸司之间相互咨询、求证、核对事实，会产生一些移书。这些移书从一个办理机关转移到另一个办理机关，其功能在于促进不同机关之间的互相协作、支持和配合，进而解决一些需多个机关通力合作才能够解决的复杂问题。但是，在一定场合下，这些移文被“咨”所代替，于是

“咨”承载了移文的功能和用途。

在宋代，学士院移文给三省，名称不叫“移文”，而叫作“咨”，这里的“咨”其实就是移文。

(三) 咨与移

“咨”与“移”，本来是两个动词，为什么可以单独成为公文名称呢?因为，从现代公文理论角度来看，很多公文名称都是动词性的，表示处理公务的活动、工作或者事项。因此，“咨”与“移”都被直接用作了公文名称。但是，在三代时期的典籍之中，“咨”是一种常用的对话形式，还未成为一种独立的公文名称；而“移”则是在“咨”的过程中出现的一种处理事务的方法，也没有见到单独成篇的“移文”。因此，在先秦时期，“咨”与“移”都不是独立的公文文体名称，只是社会个体、机关之间对话的基本方式。

随着“咨”“移”使用频率的增加以及使用范围的扩大，经过约定俗成，“咨”“移”就成为公文的名称。而且，专家学者认为，“移”是从“咨”中产生的，后来，“咨”“移”又相互替代，难分难解，它们的功能、用途在相互交叉融合中又有细微区别。

“移”虽然是从“咨”而来的，但其独立成为公文名称却又早于“咨”。这两种公文不断发展、成熟，最终成为一组同类公文文体，也成为近现代“公函”“函”的文体渊源。

第三节　古代奏疏类文体的发展演变及写作理论

在中国古代公文文体体系中，奏疏类文体使用频率高、使用主体范围广，是中国古代公文文体的重要一类。可以说，从先秦开始，到清朝末年，奏疏类文体一直保持着旺盛的生命力，并且随着社会的发展，衍生出很多与奏疏相类似的公文文体。

奏疏类文体不仅追求格式的规范，而且追求语言表达的智慧和文采。奏疏是检验古代知识分子才情、学识、智慧的一把非常便捷且准确的标尺。学习古代奏疏类公文文体及其写作理论，对于公文研究和文学欣赏，都具有重要意义。

一、奏疏类文体名称的发展演变

（一）奏疏的基本文体形成

1. 奏的起始

徐望之认为：“奏者，进也，情进于上之谓。其字始见于《尧典》所谓敷奏以言也，《史记》引之作遍告以言，是奏即告也，并非达于天子之言为奏。秦初改书为奏，遂为人臣上书于君主之专用文书，而文不可见，汉世始多用之。由是以迄于清，代沿其用，民国成立始废。”

“奏”在先秦时期已经出现，但当时尚未成为一种独立的文体名称，只是一种下级向上级陈述情感和观点的形式，严格地说，是一种对话形式。尧帝与众大臣之间的对话中出现“敷奏”这样的词语，是臣下和尧帝对话时表示对尧帝尊重的一种语言。

到了秦代，才开始出现正式的公文文体“奏”。在秦代之前，臣下给帝王的上书就叫作“书”；秦代把“书”改为“奏”，因此，“奏”就成为一种独立的公文文体了。

2. 关于“上书”

如果从公文名称的规范形成角度来分析，“上书”应该是早于“奏”的一种公文名称，只是这种公文名称在三代时期虽然较为规范，但并没有形成严格的公文格式。相对来说，“上书”算是比较早的奏疏类公文文体名称。

古代臣下向君王陈述情谏、叙述事情，都叫作“上书”，但大多数是口头表达，能够在史料中看到的，也都是史官们写下来的，并不全是真实情境下大臣们的上书原文。因此，在《尚书》《春秋》等史籍中见到的那些公文，名称都比较随意，与后世的公文名称相距甚远。《伊尹》《无逸》都属于“上书”，但其名称并没有使用“上书”“奏疏”之类。因此也有学者认为，中古时期的这些奏疏类公文，其实相当于现代的会议纪要。这是因为在先秦时期，帝王与大臣之间的治国策略交流，基本都是用口语表达的，即使是用文字记载，也都是很简略的。到了秦代之后，知识分子整理了先秦的文章经典和民间流传的文字，形成的典籍作品，所以如今我们见到的先秦时期的典籍资料，大多是秦代之后史官、文人书写的，带有记录特征。

从“上书”到“奏”，是奏疏类文体开始走向规范和稳定的一个标志。

3. 奏与奏疏

什么是“疏”呢？徐望之的解释是：“疏，通也。下情陈达于上谓之疏上，始于汉，其体亦奏之一类，故后乃称奏曰奏疏，自唐宋迄清，皆有之。”

“疏”是下级向上级陈述自己思想观点和情感的文体，这种文体需要通过书面形式呈给统治者，因而在等级森严、尊卑秩序严明的封建时代，“疏”用得就很多。“疏”的使用主要是从汉代开始的，“汉高惠时，未闻有以书陈事者。迨乎孝文，广开言路，于是贾山献《至言》，贾谊上《政事疏》。自是厥后，进言者日众，或曰上疏，或曰上书，或曰奏札，或曰奏状。虑有宣泄，则囊封以进，谓曰封事。考之于史可见矣。昔人有云：‘君臣有遇，虽一语而有余，上下未孚，虽千万言而奚补？为臣子者，惟当罄其忠爱之诚而已尔。’信哉!”

可见，汉代已经形成形式多样的“奏疏”文体。在汉代，“奏疏”的名称很多，基本上已经具备了公文类群的体制特征。

“奏”就是“疏”，“疏”就是“奏”，“奏疏”合在一起成为一种古代常用公文文体，在封建时代是一个基本现象。

（二）奏疏的多种名称

吴讷认为：“按唐虞禹皋陈谟之后，至商伊尹、周姬公，遂有《伊训》《无逸》等篇。此文辞告君之始也。”

“奏”在三代时期已经出现，但当时不叫作“奏”，而被叫作“谟”“训”。“谟”是臣下向帝王陈述谋事方法策略的文体，《皋陶谟》可以作为一个例证。“训”一般应该是下行文，而作为“训”的文体则是上行文，《伊训》可以作为例证。《伊训》是伊尹对商王太甲所作出的规劝，是一种上行文。所以，在先秦经典里，“训”“谟”都可以算作奏疏类文体。

“奏疏”是“群臣论谏之总名也。奏御之文，其名不一，故以奏疏括之也。七国以前，皆称上书。秦初，改书曰奏”。秦代是“奏疏”文体正式形成的历史时期。

秦代之后，“奏疏”又有很多不同的称呼。在汉代，奏分为四种，第一种是“章”，用来谢恩；第二种是奏，用来按劾；第三种是“表”，用来陈情；第四种是“议”，用来纠正偏差，规范不同。汉代奏的分类清晰，

“章”“议”也被纳入奏疏的范畴之内。

当然，一种文体的功能并不是一成不变的，有些公文文体在基本功能之外还会衍生出其他功能，例如“章”，不仅可以用来谢恩，还可以用来陈述自然灾害、祈求天子护佑百姓。

在形式上，“奏”还有一种特殊的名称叫作“封事”，“又置八仪，密奏、阴阳皂囊封板，以防宣泄，谓之封事”。其实这种名称只是“奏”的一种外在形式和行文方式，并不能算作奏疏的一种独立文体类别。

汉文帝时期，贾山所上的《至言》，是陈述国家治乱方法策略的奏疏。贾谊的《过秦论》、晁错的《守边劝农疏》，都是很好的奏疏文章。

唐代不用“奏疏”这一名称，而是用“表状”“书疏”等名称，这是与秦汉奏疏所不同的地方。宋代有“札子”“状”“书”“奏”“封事”等名称，非常齐全，而且用“札子”的场合很多，“札者，刺也”，就是针砭时弊，这表明宋代公文的批判意识非常浓郁，而不似唐代那样朝野上下欢乐温和。

二、奏疏文体衍生出的其他文体

“奏疏”逐渐发展成为比较稳定、使用频率较高的公文文体。这些公文文体既可以算作独立的公文文体，也可以纳入奏疏类公文文体群中。这种现象显示出公文奏疏文体具有强大的发展机能，成为中国古代公文文体中最常用的文体。

（一）表

“表”是古代常用的公文文体。简单来说，“表”就是表明自己的思想观点。徐望之认为：“表，标也，又明也。义与章同，其制始于汉，用之于陈情。或曰，秦始皇时已有之，然文不可见。其可见者，自东汉以后，后乃凡论谏，劝请，陈乞，进献，推荐，庆贺，慰安，辞解，陈谢，讼理，弹劾，皆用表，盖亦与奏同为言事之作也。”

一般来说，“表”主要是用来表达情感，即陈情。例如，李密写的《陈情表》富有真情实意，令人信服和感动；曹操的《领兖州牧表》表达了对受封兖州牧的感激之情，以及勤奋效劳、建功立业的决心。

当然，“表”这种文体也可以用来陈述事情原委和经过，以叙事为主。吴讷说：“按《韵书》：‘表，明也，标也，标著事绪使之明白以告乎上也。’三代以前，谓之敷奏。奏改曰表。汉因之。”“其用则有庆贺，有辞免，有陈谢，有进书，有贡物，所用既殊，则其辞亦各异焉。”根据吴讷的观点，表是用来叙事的，即表明事情的来龙去脉和事情发展的变化过程。

（二）状

“状”是中国古代公文文体之一，是以陈述事情为主要内容的公文。徐望之说：“状，又称奏状，谓条其事实而上之也。后汉蔡邕有为陈留太守上孝子事状，是状之为公文名称，实始于汉，自是以迄于宋，皆循其制。元后臣民上言于元首，不复用状。至状之程式，列代稍有不同。汉时状末称：‘谨陈状，臣某顿首’。唐于本文前先列事由，伏以云云，末称：‘谨具奏闻，谨奏’。宋则首书某年月日某官某状奏，末称：‘谨录奏闻，伏候敕旨’。”

“状”重在陈述事情，属于奏疏类文体之一，也是一种相对独立的公文文体，在古代使用得非常普遍。

（三）笺

“笺”是一种很常见的古代公文形式，也因而成为古代官场上常用的文体形式。这种文体最大的特点是形式简短，内容简明扼要。从载体上来说，“笺”可以写在笏板上，也可以写在书帛上，没有严格的形式要求。笺也写作“牋”，“公府奏记，郡将奏牋”，只在形式上表明上书之人的身份不同。而“笺”和“牋”两种公文名称，实际是一种文体形式。

“奏疏”在形式上有严格的限制和规则，多用于重要、需慎重对待的事项。对于那些日常工作中的不大不小的事情，则需要使用便利的方式进行解决。因此，出现了“笺”这种文体。

“笺”的使用便捷，简明扼要，多数人都可以书写，因此在古代经常被使用，是比较典型的事务性公文文体。

三、奏疏文体写作的基本要求

（一）奏疏文体写作的格式要求

从格式上来说，“奏疏”的格式要求很严格，在一定程度上体现了古代官场的等级秩序和权力关系。这就使得“奏疏”在内容之外附加了一些形式化的套话和无意义语言。

以“状”为例，“状”在不同时代有不同的格式和要求。汉代在状的末尾要写上“谨陈状，臣某顿首”。唐代的状，多用“伏以云云”开启对话，在末尾要写上“谨具奏闻，谨奏”之类的套话。在宋代，状的开始要写上书某年某月某日某官某状奏，文章末尾要写上“谨录奏闻，伏候敕旨”。

不同时期的“状”，虽然在开头和结尾写的话语有所不同，但它们都是一种官场套话，所展示的是官场的地位高低、等级关系和权力服从等非事务性的内容。当然，在社会制度体系内，建立必要的对应关系对有效开展工作是有益的，但不能过于形式化，否则可能会严重影响办事效率。

再以“奏”为例，在古代奏文中，开头和结尾都需要有相对固定的语言形式，是公文的“程式”之一。曾国藩的《奏请带兵北上以靖夷氛折》的开头是：

奏为钦奉谕旨，恭折复奏，仰祈圣鉴事：

窃臣于八月二十六日，承准军机大臣字寄，咸丰十年八月十一日奉上谕。

结尾写道：

所有钦奉谕旨，恭折由驿六百里加紧复奏。伏乞皇上训示，施行。谨奏。

这些与事情要素、观点要素没有紧要关系的话语，可以一定程度上反映奏请之人的情绪和态度，这就是形式语言的积极意义。当然，这些开头结尾的语言，也交代了一定的时间要素和上书的缘由。

在语言形式上，不同时代的奏疏，使用的语句形式不同。“至论其体，则汉晋多用散文，唐宋多用四六。而唐宋之体又自不同：唐人声律，时有出入，而不失乎雄浑之风；宋人声律，极其精切，而有得乎明畅之旨，盖各有所长也。”汉晋时期以散体文为主要形式，而唐代和宋代则主要使用四六体韵文，且唐代的奏疏讲究声律押韵，这与唐代的文风相关。

（二）奏疏文体语言的表达要求

在语言表达上，“奏”类与“疏”类同源同用，因此，二者语言表达风格非常相似。徐师曾认为："及论其文，则皆以明允笃诚为本，辨析疏通为要，酌古御今，治繁总要，此其大体也。奏启入规而忌侈文，弹事明宪而戒善骂。"两类文体在功能和语言表达风格上都有很多相同之处，说明这两类文体只是名称不同，在内容上并没有较大差异。

按照徐师曾的观点，奏疏类的公文写作要注意三个方面的基本要求：第一，从内容角度来说，奏疏类文书要有大的视野，酌古御今，治繁总要，从历史时空的大视野着眼来构思，从历史到现实，纵贯古今，总结历史发展过程中治国理政的基本规律，便于为上级机关作出科学决策提供强有力的历史经验和智慧，也能增强文章内容的丰厚度和历史时空感。第二，从写作态度角度来说，要本着忠诚的原则，书写内心真实的想法和建议、意见，不能敷衍塞责，马虎应对，要说真话，讲事实，提供切实可行的方法策略。第三，从语言表达的角度来说，写给上级的奏疏需要语言简洁明了，精炼准确，用语切中肯綮，抓住要害，用凝练的语言表达丰富的内涵，言约而义丰，言近而旨远，避免啰唆浮华，空洞无物。

奏疏类的公文要言简意赅，切中肯綮，这由两个原因使然。一是奏疏是写给上级机关看的，上级机关事务繁多，批阅公文的时间珍贵，需要上书者用最短的篇幅表达最核心的观点和意见，不能占用上级机关太多的时间。二是因为公文需要有很强的审美效应，这样能够吸引上级机关对奏疏内容的注意和兴趣。用精辟的语言表达真实而新颖的观点，能调动上级机关的阅读兴趣。所以朱元璋提倡"但取通道理明世务者，无事浮藻"；张居正主张"一切奏章，务从简切"。

要想写好奏疏，需要做好三件事情。第一，深入调研，掌握第一手真实且翔实的资料。只有掌握了第一手真实的资料，才能准确把握事情的真相，发现问题的本质，找准解决问题的方法和思路，在此基础上提出的意见和建议才是有用的，这样的奏疏才能得到上级机关的高度认同。第二，要做好比较分析。在历史发展过程中进行比较，在现实生活中进行比较，从比较中发现问题的真实性，制定可行的措施。同时也要广泛借鉴他人的经验和教训，以他人的做法、观点作为比较，从而激活自己的思维，实现创新性和开拓性的探索。第三，凝练语言表达，精心构思篇章结构。分清主次，突出主要问题和主要观点，这是矛盾论中的主要矛盾和次要矛盾的不同所决定的做法。语言表达还需要选择适合的表达方式和修辞技巧，奏疏可以使用排比、对偶，增强语言美感、气势和感染力，曹丕和韩愈都赞成文以气为主，有了充沛的文气，语言才富有感染力和号召力。也可以使用互文、犯中见避的机智表达，用富有哲理的语言启发读者思考，收到启迪智慧的语言效果。同时，语言要精练，不能拉杂繁缛，不能华而不实。毛泽东曾在《改造我们的学习》一文中批评那些不做调研、不务实际，只是作形式上文章的人是“或作讲演，则甲乙丙丁，一二三四的一大串；或作文章，则夸夸其谈的一大篇。无实事求是之意，有哗众取宠之心。”

（三）典型的奏疏例文欣赏

在古代公文体系中，不乏主题精练、语言优美的范文，它们是公文写作者借鉴的典范，影响着后世的公文写作。

例如，曹操的《上书谢策命魏公》：

臣蒙先帝厚恩，致位郎署，受性疲怠，意望毕足。非敢希望高位，庶几显达。会董卓作乱，义当死难，故敢奋身出命，摧锋率众，遂值千载之运，奉役目下。当二袁炎沸侵侮之际，陛下与臣寒心同忧，顾瞻京师，进受猛敌，常恐君臣俱陷虎口，诚不自意能全首领。赖祖宗灵祐，丑类夷灭，得使微臣窃名其间。陛下加恩，授以上相，封爵宠禄，丰大弘厚，生平之愿，实不望也。口与心计，幸且待罪，保持列侯，遗付子孙，自托圣世，永无忧责。不意陛下乃发盛意，开国备锡，以贶愚臣，地比齐鲁，礼同藩王，非臣无功所宜膺据。归情上闻，不蒙听许。严诏切至，诚使臣心俯仰逼迫。伏自惟省：列在大臣，命制王室，身非己有，岂敢自私？遂其愚意，亦将黜退，令就初服。今奉疆土，备数藩翰，非敢远期，虑有后世。至于父子，相誓终身，灰躯尽命，报塞厚恩。天威在颜，悚惧受诏！

汉献帝建安十八年（213），曹操因屡建功业，受封魏公，曹操为表达自己对献帝的忠诚，上书请求辞去魏公的册封。曹操在这篇奏疏中表达了三层意思：第一，他自愿扫除董卓乱党，维护汉室政权，衷心拥护汉献帝。因此，在国难当头的关键时刻，他在许昌迎接汉献帝入宫，稳定了政治局面，稳定了刘汉政权，而不是心怀奸计，想借助动荡的局势获取名利。而且自己的祖先一直效忠汉室，所以借助祖先保佑，保护了汉室政权，并不是自己一个人的功劳。二是自己不希望获得更高的地位。曹操表示自己出身卑贱，能受到献帝封赏，位列侯相高位已经很满足了，并没有再上进的希望和企图，请献帝消除疑心。三是请求献帝收回封赏之命，让自己仍然回到原来的位置上，并表示继续忠诚于献帝，为汉朝社稷稳定继续捐躯尽命，报答皇帝的信赖和厚恩。

从这篇上书的主题表达来看，不论曹操是否真心，都说得真诚可信，效忠汉室的忠心和诚意都很感人，令人信服。这真正体现了奏疏写作的“明允笃诚”。从语言表达艺术来看，这篇文章没有华丽的辞藻，反而使用了平实无华的文辞，正是汉晋时期以散体为主的文体的具体呈现。另外，在语句形式上，以四字句为主，辅以散体语句，纯正朴实，与真诚的主题表达相得益彰。

又如，晁错的《论贵粟疏》（节选）：

今海内为一，土地人民之众不避汤、禹，加以亡天灾数年之水旱，而畜积未及者，何也？地有遗利，民有余力，生谷之土未尽垦，山泽之利未尽出也，游食之民未尽归农也。民贫，则奸邪生。贫，生于不足；不足，生于不农；不农，则不地著；不地著，则离乡轻家，民如鸟兽。虽有高城深池，严法重刑，犹不能禁也。夫寒之于衣，不待轻暖；饥之于食，不待甘旨。饥寒至身，不顾廉耻。人情一日不再食则饥，终岁不制衣则寒。夫腹饥不得食，肤寒不得衣，虽慈母不能保其子，君安能以有其民哉？明主知其然也，故务民于农桑，薄赋敛，广畜积，以实仓廪，备水旱，故民可得而有也。

民者，在上所以牧之，趋利如水走下，四方亡择也。夫珠玉金银，饥不可食，寒不可衣，然而众贵之者，以上用之故也。其为物轻微易藏，在于把握，可以周海内而无饥寒之患。此令臣轻背其主，而民易去其乡，盗贼有所劝，亡逃者得轻资也。粟米布帛生于地，长于时，聚于力，非可一日成也。数石之重，中人弗胜，不为奸邪所利；一日弗得而饥寒至。是故明君贵五谷而贱金玉。

今农夫五口之家，其服役者不下二人，其能耕者不过百亩，百亩之收不过百石。春耕，夏耘，秋获，冬藏，伐薪樵，治官府，给徭役；春不得避风尘，夏不得避暑热，秋不得避阴雨，冬不得避寒冻，四时之间，无日休息。又私自送往迎来，吊死问疾，养孤长幼在其中。勤苦如此，尚复被水旱之灾，急政暴虐，赋敛不时，朝令而暮改。当具，有者半贾而卖，亡者取倍称之息；于是有卖田宅、鬻子孙以偿债者矣。而商贾大者积贮倍息，小者坐列贩卖，操其奇赢，日游都市，乘上之急，所卖必倍。故其男不耕耘，女不蚕织，衣必文采，食必粱肉；无农夫之苦，有阡陌之得。因其富厚，交通王侯，力过吏势，以利相倾；千里游遨，冠盖相望，乘坚策肥，履丝曳缟。此商人所以兼并农人，农人所以流亡者也。

牧民治国者必须体察民情，真实地了解老百姓的生活状况，才能找准治国方向，制定切实可行的治国策略。晁错在看到“谷贱伤农”的社会现实之后，规劝皇帝重农抑商，鼓励农耕，因而写下了这篇奏疏，上书给皇帝。

这篇奏疏的主题非常明确，集中阐述了为什么要发展农业生产、稳定农业生产，目的就是要让老百姓吃上饭、吃饱饭、过上稳定的日子。老百姓的生活稳定了，生产力才能得到保障，社会才能稳定。相反，如果忽视了农业生产，那么老百姓就会陷入贫困之中，“民贫，则奸邪生”，而且土地收入微薄，不能满足百姓生活，就会带来“离乡轻家，民如鸟兽”的混乱局面，这是统治者不能不思考的问题。因此，晁错劝诫皇帝要发展农业，“明君贵五谷而贱金玉”，粮食是稳定社会的基础，金玉只是富家子弟的玩物。

在写作态度上，作者针对老百姓现实生活艰难的事实进行分析，揭示了当时社会不能稳定的根源在于民穷、民苦，人民不能安居乐业。该文体现了晁错作为臣子对皇帝的忠诚和真诚，说真话，反映真实情况，做到了有理有据，充满信服力和情感感染力。

在语言形式上，这篇奏疏采用了散体的语句，质朴真诚之意蕴含其中。同时，文中采用了顶针修辞手法，“贫，生于不足；不足，生于不农；不农，则不地著；不地著，则离乡轻家，民如鸟兽”，层层推进，富有哲理性，推理非常合理且有气势；采用了对比手法，把金玉与粮食相对比，在生产力落后的封建时代，用生活中蕴含的朴素哲理去说服最高统治者，收到了真实明白的论述效果。全篇充满真诚和朴实，是一篇经典的奏疏文章。

综上所述，古代奏疏类公文文体是封建士大夫和官员们常用的公文文体。文章写作必须与时代风气和习俗相适应，选用当时大家能够接受的文体形式，才能充分发挥奏疏进言献策的积极作用。同时，奏疏类的公文写作追求语言的通俗易懂、主题的鲜明坚定、写作态度的真诚朴实，这对现代公文写作仍然具有很高的借鉴价值。

第四节　“牒”的发展演变

“牒”是古代常用的一种公文文体，在不同的时代有不同的功能，既有凭证作用，也有咨询、答复、批示等作用，功能比较繁杂。当然，不管在实际应用中发挥什么功能，这种文体都是用来处理具体事件的函件公文，在公务往来、社会交际中使用比较多。梳理“牒”在不同历史时期文体性质和功能的发展演变，便于整体掌握这种文体的基本属性，也能为这种文体在现代公文写作中的借鉴意义寻找文献依据。

一、“牒”的早期形式和意义

“牒”最初的意思是短小的竹片、木片，是一种用来记录文字或图画的书写材料。宋亚婷认为：“‘牒’作为一种古代官府行移文书最早出现在秦汉时期”，“此时‘牒’‘札’‘简’三者不分，‘牒’被用作书写材料的名称”。作为一种公文文体名称的“牒”，是从物性的“牒”转化而来的。

比较早的公文文体“牒”见诸《左传》，其中有“右师不敢对，受牒而退”的记录，原文如下：

夏，会于黄父，谋王室也。赵简子令诸侯之大夫，输王粟，具戍人，曰：“明年将纳王。”子大叔见赵简子，简子问揖让周旋之礼焉。对曰：“是仪也，非礼也。”简子曰：“敢问何谓礼?”对曰：“吉也闻诸先大夫子产曰：‘夫礼，天之经也，地之义也，民之行也。’天地之经，而民实则之。则天之明，因地之性，生其六气，用其五行。气为五味，发为五色，章为五声，淫则昏乱，民失其性。是故为礼以奉之：为六畜、五牲、三牺，以奉五味；为九文、六采、五章，以奉五色；为九歌、八风、七音、六律，以奉五声；为君臣、上下，以则地义；为夫妇、外内，以经二物；为父子、兄弟、姑姊、甥舅、昏媾、姻亚，以象天明；为政事、庸力、行务，以从四时；为刑罚、威狱，使民畏忌，以类其震曜杀戮；为温慈、惠和，以效天之生殖长育。民有好、恶、喜、怒、哀、乐，生于六气。是故审则宜类，以制六志。哀有哭泣，乐有歌舞，喜有施舍，怒有战斗；喜生于好，怒生于恶。是故审行信令，祸福赏罚，以制死生。生，好物也；死，恶物也；好物，乐也；恶物，哀也。哀乐不失，乃能协于天地之性，是以长久。”

简子曰：“甚哉，礼之大也！”对曰：“礼，上下之纪，天地之经纬也，民之所以生也，是以先王尚之。故人之能自曲直以赴礼者，谓之成人。大，不亦宜乎？”简子曰：“鞅也请终身守此言也。”宋乐大心曰：“我不输粟。我于周为客，若之何使客？”晋士伯曰：“自践土以来，宋何役之不会，而何盟之不同？曰‘同恤王室’，子焉得辟之？子奉君命，以会大事，而宋背盟，无乃不可乎？”右师不敢对，受牒而退。士伯告简子曰：“宋右师必亡。奉君命以使，而欲背盟以干盟主，无不祥大焉。”

这是《左传》中记载的一次诸侯盟会。当时的晋国逐渐强大，意图结盟天下，展示自己的威力。在一次结盟大会上，晋国赵鞅命令各诸侯王的大夫们向周天子缴纳粮食、准备戍守的士兵。宋国委派的使臣右师乐大心参加盟会。但是，右师不遵循礼节，在盟会上说出违背宋伯意图的话，暴露出他准备离开宋国的私心。他不支持晋赵简子（赵鞅）提出的向天子“输粟”的提议，不行使诸侯结盟的盟约，受到了晋士伯的严词批评，右师乐大心自知理亏，接受了“牒”离开了会场。

在这里，“牒”就是一种“礼札”，既指写有“牒文”的一种物质性的凭证，也指“牒文”自身，相当于会盟诸侯时盟主发的通知函件，与现代的通知或者邀请函类似。从这段文字来看，在先秦时期，“牒”是一种礼仪类的文体，也是一种公共交往和活动的信物。但是，关于此时期“牒”的写作格式，则没有相关记录，或者此时期“牒”的写作还比较自由，没有形成相对规范的格式规则。

二、“牒”的文体性质和功用变化

先秦时期萌芽的“牒”是作为下行文使用的，到了汉代，“牒”形成了基本的文体形式，成为相对独立的公文文体名称，而且以上行文为基本特征。宋亚婷认为：“（牒）用于下级对上级、民众对官府的文书。”

《汉书·薛宣传》载：“已而阴求其罪臧，具得所受取。宣察湛有改节敬宣之效，乃手自牒书，条其奸臧，封与湛曰：‘吏民条言君如牒，或议以为疑于主守盗。’”这可以证明，在汉代，“牒”已经不仅仅是指一种物质材料，它还是一种上行文的公文名称。

当然，事物往往会随着社会发展变化而变化，甚至形成新的性质和特征。“牒”在先秦时期以下行文为主，在汉代转为上行文，这与“牒”最初的下行文性质截然不同。

徐望之认为："其制始于汉。'绛帖'有南齐王僧虔牒，起首用一牒字，末用'谨牒'。"

在文体格式上，汉代的"牒"形成了基本的格式规范，起首用"牒"，末尾用"谨牒"，前后呼应，具有了公文惯用语的起初形式，也表明了这种文体的礼节性和社交用途。

魏晋之后，"牒"这种文体得以进一步发展，并在六朝时期广泛使用。六朝时期已经有了专门主管"牒"的官员，叫作"典牒"。徐望之在《公牍通论》中说："此牒文程式之仅见于六朝时也"，"牒又名笺，六朝时有典笺，想即司此事者"。由此可知，"典笺"实际上是一种专门管理"牒文"及运转的职位名称，也可以理解为一种官职，主管"牒文"的收集、运转和督办。"典牒"的出现，证明了魏晋时期"牒"作为公文文体已经非常普遍了。与汉代"牒"的行文方向不同，"魏晋时期，官府之间相互质询用'牒'，牒为平行文书"。

进入唐代，"牒"在行文方向上发生了变化，既有上行文，也有平行文和下行文，呈现出文体演变的复杂形势。

首先是从此前以平行文为主演化为以上行文为主。《新唐书·志第三十六》记载："下之达上，其制有六：一曰表，二曰状，三曰笺，四曰启，五曰辞，六曰牒。"史旲昱在《明代官府行移文书研究》中说："至唐代，上行牒文正式载入国家法典，成为法定上行文书，得到了广泛的应用。"从以上记载可知，"牒"是下级机关向上级机关呈送的公文文体。

同时，唐代的"牒"在一定范围内保留着作为凭证或者互通信息的平行文特征，例如，韩愈《国子监论新注学官牒》、柳宗元《为裴中丞伐黄贼转牒》等。唐代还有一种特殊的平行牒文，名为"边牒"。《新唐书》记载："殊俗入朝者，始至之州给牒，覆其人数，谓之边牒。"这是记载当时其他邦国使节朝见唐朝皇帝时的礼节，外使入朝觐见之前，皇帝要派遣鸿胪寺的主客郎中或者员外郎到地方送去牒札，作为准许觐见的凭证，并核实使者身份、人数，这叫"边牒"。从这里可以看出，"边牒"是一种礼仪往来的牒札，相当于一种身份凭证，具有平行文的特征。

当然，在唐代，还有一种下行文"牒"，即"敕牒"。《新唐书·志·百官二》记载："凡王言之制有七：一曰册书，立皇后、皇太子，封诸王，临轩册命则用之……七曰敕牒，随事承制，不易於旧则用之。"这里的

“敕牒”一般不是皇帝亲自书写，而是由下属部门遵照皇帝旨意代写的，属于“诏”“谕”一类的文书，具有手谕性质，相当于皇帝给臣下临时委任官职的文书，或者是对下级上书的答复，与现代的“通知”有类似的功能。

在唐代，作为下行文的还有“戒牒”和“度牒”，它们都属于下行文，但使用范围受到严格限制，主要用于对佛教弟子的身份和资格证明。白文固在《唐宋时期戒牒和六念牒管理制度》中说：“当时通行于社会僧团中的身份性证件除度牒外，还有戒牒和六念牒”，“戒牒是唐宋时期实行于佛教内部的重要的文牒之一，是颁给受戒者的身份性证件”。度牒、戒牒在宋代也广泛使用，其中度牒的使用范围较广。

在宋代和明代，“牒”的用途更为广泛，名称也有新的变化。徐望之认为：“唐制，下达上之文书，其制有六，六曰牒，有品以上，公文皆称牒。明制，诸司相互移者曰牒。”事实上，在宋代，诸司之间或者州县之间往来的“牒”的名称是有一定区别的。六部之间往来的公文叫作“公牒”；其他不相隶属的诸司之间往来的“牒文”可以叫作“移牒”。宋亚婷将不同隶属机关之间的“移牒”称为“平牒”，与“公牒”相对应。其实，二者都属于平行文，都应该叫作“平牒”。“公牒”与“平牒”之间并不是相反的关系。“移牒”这一名称可以更突出地表达各个机关协同处理公务、各司其职的分工机制，以及公文行文的过程性和程序化。而在明代，牒包括“牒呈”和“牒上”两种，史昊昱就认为：“牒呈在明代主要用于三品及以下衙署之间，下级向等级稍高的上级行文，使用范围十分广泛，与专用于高级衙署间的咨呈存在分工。”“牒上的使用范围主要有七品以下首领衙门对监察御史行文，兵马指挥司和守御千户所向各府行文”。

当然，“移牒”与“敕牒”的不同，关键在于行文方向，因而可以明确地说，在宋代及以后，“牒”又从以下行文为主转向了以平行文为主。到了明代，“牒”则变成了各个机关之间互相往来的公文，行文方向继承了宋代的“移牒”特征，因而与唐代不同。这样看来，从唐代到明代，“牒”的行文方向发生了质的变化。从唐代的下行文经过宋代的运行实践，到明代则成为平行文。

从明代开始，“牒上”逐步消亡，到了清代，“牒”文体仍然使用，但使用范围开始缩小，原来被皇权重视的牒文开始走向底层，高级官府使用牒文的频率逐渐变小。“清制，佐贰官及学官行府、州、县，皆用牒。”到了民国时期，“牒”这种文体被废除，不再使用，取而代之的是“通牒”。“民国废。惟外交牍中，尚有用牒之名称，如通牒是也。但通牒有二种：一普通通牒，即照会；二最后通牒，即哀的美敦书。”

在民国时期，照会成为常用的公文文体，使用频率比较高。杨光、李玉凡在《从民国照会看“二次革命”在湖南》中记载了：湖北省档案馆保存的两份照会档案，“一份是 1913 年 7 月 25 日，由湖南都督谭延闿签署的都督府照会，照会称：‘现已正式宣布脱离袁世凯关系，所有税关款项自不能再听现政府动支’；另一份是 8 月 13 日，由外交部特派湖南交涉员陈安良签署的照会，照会中有这样几段文字：‘现在闽粤宁皖均各取销独立，大势所趋’，‘湘省既不能以独立为支柱，又何可以全省为牺牲’，‘湘省取消独立一遵中央政府命令’”。这两份照会是官府之间的信函往来，具有现代公文“函”的特征，其内容是告知对方有关政策变化、处理事务要注意的事项等。因此可以说明，在民国时期，由“牒”发展而来的“照会”仍然保留着“牒”的互相往来的函件特征，属于平行文性质。这样，“照会”的用途就非常宽泛，使用的频率也很高了。

三、“牒”的基本写法

关于先秦时期“牒”的文体格式和语言方法，目前已很难找到例文佐证。到了汉代以后，“牒”文中的“牒”字就成为一种格式化的语言形式，“绛帖有南齐王僧虔牒，起首用一牒字，末用‘谨牒’”。这样的书写格式带有鲜明的信函的格式特征，更具有古代官场往来的礼仪特征。到了明代，各官署之间相互往来的公文，称作移文，“牒”与“移”同用，“牒”更多的是变成一种公文格式化的惯用语，成为信函礼节性的词语和符号标志。《大明会典》记载，“其程式首称‘某府长史司为某事云云’，末云‘合行移牒，请照验施行，须至牒者右牒’，后书某年月日，某府牒长史押”。

在唐代，“平牒”的行文格式开始相对固定下来。首称：“某官府”或其他；正文：牒文的具体内容；末称：“谨牒”或其他；押署：“某年某月某日，某官某某”。例如，卢向前《唐代政治经济史综论——甘露之变研究及其他》中《伯三八九九背马社文书》中的《悬泉府牒》，首称：“悬泉府”；正文为悬泉府牒敦煌县有关马社的文书；末称：“谨牒”；押署：“开元十四年四月廿三日，府，折冲都卫庄，史李宗英”。

唐代的“敕牒”是代皇帝之言回复下级机关报告事项的牒文，其格式与平牒基本相似，但略有区别。例如：

某某之事

右。某奏。云云。

中书门下牒某

牒。奉敕。云云“宜依。依奏。余依”。牒至准敕。故牒。

年月日牒

宰相具官姓名

这是中书省和门下省共同转告的牒文，属于敕牒。敕牒已经形成基本固定的格式，具有相对的规范性。牒文的规范格式，证明了唐代牒文使用范围较广，也体现了公文写作与运转所具有的权力性和权威性。

“牒”的语言通俗易懂，多用口语，句式骈散皆宜，不求骈偶、对仗。例如，《明史》记载杨继宗的一封短牒，语言具有生活化、口语化的特点，实际就是日常对话的语言。

中官过者，继宗遗以菱芡、历书。中官索钱，继宗即发牒取库金，曰：“金具在，与我印券。”中官咋舌不敢受。（《明史·杨继宗传》）

杨继宗是明代的一名官员，为人正直刚正，为官廉洁清白，在任嘉兴知府的时候，太监索要钱财，杨继宗写“牒”发给太监钱财，“金具在，与我印券”是“牒”中的一句话，这句话颇具日常化、口语化风格，很通俗。

民国时期的“照会”，徐望之说：“照会二字，始见于《宋史·河渠志》，至明始以照会为公文书之名称。清因之，向例官厅间文武不相隶属者用之。有甲乙二式。官阶相等者用甲式，标日以墨笔，是曰墨笔照会。官阶悬殊者，上对于下用乙式。标日以朱笔，是曰朱笔照会。其后官厅对于地方绅士及对于外国公使、领事，办理交涉之正式文书，均用甲式。民国成立，惟国际外交文书用照会，近则常以公函代之。”

照会的写法与现代的公函基本一致，使用信函形式，注重把事情说清楚，并遵守社交往来礼节，语言通俗易懂，而且富有礼仪性。以《叶名琛致西马縻各理照会》为例：

本日接据提督初二日（30日）所发来文，阅悉。查贵国向在中华通商，无不以礼相待，即如九月初十日（10月8日），在划艇所拿人犯十二名，当饬委员审讯，内有九名并未犯案，已于十二日（10日）饬委员解还原艇，巴领事官不肯收领。二十四日（22日）卯刻，发去巴领事官札文，并审明犯案之梁明太、梁建富并见证之吴亚认共三名，连前九名，共计十二名，一并交还，而巴领事官将解还人犯十二名并札文不收。查此划艇本系中国人苏亚成所造，并非外国船只，贵国旗号系属向波碌行买得，前已审明该犯吴亚任供认确凿。当兵勇到艇拿人之际，原不知系外国船只，该艇系泊海珠炮台左右，本系中国人苏亚成之船。即如贵国划艇泊下碇，向将旗号收下，俟开行时再行扯上，此贵国一定之章程也。到艇拿人之际，其无旗号，已属明证，从何扯落？巴领事官屡次来申，总以扯旗欲雪此辱为名，其实并无有违和约之处，且两国和好多年，何以无故动兵，殊不可解。

惟所称进城一节，查道光二十九年（1849年）三月间，贵国公使出示在公司行，内称本总督出示，不准番人入城等语，载新闻纸，谅贵提督早已知悉。况不能进城，出自广东百姓，众口一词，此番攻破炮台，焚毁民房，其心不甘，已可概见。本大臣有恐贵国官民因此受害，莫若仍照文公使所议办理为是。至所称熟商一事，本大臣前已有委员雷州府蒋守矣。

这篇照会，在格式上是按照信函或者牒的形式写的，具有鲜明的对话性。在主题表达上，把划艇事件（亚罗号事件）的过程说得很清楚，也把中国水师没有违反国际合约的做法解释得非常清楚。从语言表达角度来说，用词委婉温和，没有义正词严的批驳，符合当时的外交礼节。当然，语言的温和实际上也显示出一定的软弱和妥协。

总之，照会是从牒发展而来的文体，照会的写法特点也体现着牒的写作方法，二者在写作方法和功能方面具有一致性。

第五节　论札子文体的发展演变及特征

在古代公文文体体系中，诏、敕、制等文体属于权力要素较强的公文文体，是常用的公文文体；而另一些以处理日常事务为主要功能的文体，属于权力要素不强但事务性较强的公文文体，它们的使用频率则更高。其中，札子就是这种使用范围较广、使用频率较高的公牍文体。

考察“札子”文体的发展演变，可知它是由唐代的“堂帖”“榜子”发展而来，到宋元之后发展演变成为“札”等文体，直到民国时期才废止。公文文体的发展是与政治发展需求和政治观念的变化密不可分的。而且，从“札子”的文体形式变化来看，在不同历史时期，公牍文既在一段时期有相对稳定的格式规范，又随着朝代更迭而不断改变自己的格式。

一、札子文体的产生和发展

在封建社会，公文文体的兴衰转换，很多时候并不是由于文章学自身发展的内部动因，而是常常受制于政治、社会变化等外在因素。因此，很多公文文体在形成发展过程中表现出迅速产生或者消失的特点。“札子”的产生和发展也明显地显示出名称、格式等随着朝代更迭而发生断裂性变化的特征。

“札子”是在宋代产生的，在明代之后骤然停用。当然，如果考察文体之间的格式、功能的关联性，则可以知道宋代的“札子”是从唐代的“堂帖”“榜子”发展而来，其行文方向既有上行也有下行，使用范围很广。

关于“札子”与“榜子”的关系，毛天宇在《宋代劄子公文：内容与运作》中认为：“札子，亦称劄子，由唐代牓子（榜子）演变而来。牓子是唐朝时百官向皇帝奏事时使用的文书，近似表状，北宋时这一文体被继承与发展，改称为劄子，为臣僚百官向皇帝上奏或启事的一种文书。”

“札子”的兴起与唐代的“堂帖”到了宋代逐渐被禁用有关。在唐代，皇权性很强的公文文体，一般由皇帝使用，而处理其他日常事务的公文文体则由宰臣和普通官员使用。张祎在《中书、尚书省劄子与宋代皇权运作》中认为：“常程细务，则由宰臣独立裁决，以堂帖等文书形式直接指挥处理。”

“堂帖”是唐中期以后各级官府普遍使用的下行公文。到了宋代，赵普任中书令时得到皇帝的高度信任，很多日常事务都交给中书省处理，中书令下达命令时使用的文体仍沿用唐代的“堂帖”。但后来中书省权势逐渐扩大，皇帝不得不限制中书省的权力和分管事务，而把一些重要事情限制在皇帝审阅之后才能办理的多重程序之中，“中书指挥事，凡不降敕者曰‘札子’，犹堂帖也”。

于是，“札子”在宋代开始由皇帝使用。而因为处理政务的需要，这时候的“札子”也被中书省使用，作为下达给州县、各衙门命令的下行文，在功能上沿用了唐代的“堂帖”。张祎认为，宋代皇帝禁止宰臣使用“堂帖”，宰臣所处理事务的文书就更名为“札子”。这样，“札子”就有皇帝使用的“札子”和中书省等宰臣们使用的“札子”两种。“中书札子”就成为宰臣处理政务的一种普通文体，决策权力比唐代和宋初的“堂帖”要小一些。

“札子”还有上行文文体的功能和特征，这种文体应该属于奏疏类的文体。徐望之认为，“札子”从“榜子”产生而来。而关于“榜子”，徐望之认为：“榜子为奏议之一类，唐陆宣公有《榜子集》，乃大臣入觐时所用以呈报者。欧阳修《归田录》谓唐人奏事，非表非状者，谓之榜子，亦谓之录子。宋以后废。”公文文体“表”是以陈述事情、抒发情感为主要功能的，上行文特征非常明显；“状”则是以陈述事实为主要功能的奏疏类文体。与表、状相关联的另一种公文文体“榜子”，也具有与它们相似的功能，行文方向也属于上行文。

从上述分析来看，“札子”是在宋代产生的公文文体，其前身为唐代的“堂帖”“榜子”，继承“堂帖”功能的属于下行文，继承“榜子”功能的属于上行文。“札子”作为一种公文文种，兼具两种行文方向，其背后的原因则是这种公文文种具有使用便捷、功能丰富、使用范围大的特点。当然，这种常用的文体在宋代盛行之后，并没有一直保持着强劲的发展势头，“札在宋代大量使用，‘明改为札付’，清代沿用之称作札，民国废止”。从宋代开始大量使用，到明代则日渐隐退，这是札子文体的发展演变特征之一。

二、札子的类型

“札子”作为一种常用公文文体，因其使用范围很广，致使其呈现多种类型。按照使用主体来分类，可以分为皇帝使用的“札子”，宰臣使用的“札子”，普通官员使用的“札子”。按照行文方向来分，又可以分为上行文和下行文两种类型。

先从使用主体来分，涉及重大事项的决策、政务安排，需要皇帝亲自过目之后才能行文的，属于皇帝使用的“札子”，在宋代叫作御前札子。《中庸》“方策”注：“简、札、牒、毕，同物而异名。札，木简之薄小者也。”“至宋始以札为公文书之名。凡布大号令时用之，名曰御札，即宋代君主之诏令也。”御札相当于皇帝的诏令，因此可以列为诏令类文体。在宋代，“（宋）太宗强调以札子指挥‘小事’‘常事’，也必须经过‘奏裁’，即和颁降敕命一样，事先须征得皇帝的首肯”。

而如果涉及一般性质的事务，可以由中书省负责向下属衙门行文，称作中书札子。《宋会要辑稿补编》中说：“札子是中书行遣小事文字，亦如京百司有符牒关刺，札子废之，则别无公式文字可旨挥常事。”说明“札子”使用只是限制在中书省长官职位，而且是处理日常小事情。

其他普通官员也可以使用“札子”向上级官员、机构呈送，陈述自己治理政务的观点和建议，与“奏疏”文体相似，应该列入奏疏类文体群之中。“札子”有时候也用于个人书信来往，魏琳在《〈宋人佚简〉所收札子之初探》中指出：“札子作为书信形式的开始时间约为南宋绍兴年间。”陆游《老学庵笔记》中记载：“（绍兴）秦太师当国，有谄者常执政矣，出为建康留守，每发一书，则书百幅，择十之一用之。于是不胜其患，人情厌烦，忽变而为札子，众稍便之。”

再从行文方向来分类，“札子”既有上行文，也有下行文。徐望之认为，“札子”是“官府中用来上奏或启事的一种文书。宋欧阳修《归田录》卷二：‘唐人奏事，非表非状者为之榜子，亦谓之录子。今谓之札子。凡群臣百司上殿奏事，两制以上，非时有所奏陈，皆用札子。中书枢密院事有不降宣敕者，亦用札子’”。宋代出现了一批以“札子”为名的公文形式，如上行文书奏事札子、中书进呈札子和下行文书御前札子、枢密院札子等，名目繁多，文书性质也不尽相同。

关于上行文，普通官员向上级衙门报告事情，可以使用“札子”。在这种札子之中陈述的事情通常不是非常紧急或者非常重要的，常常是一种建议，或者一种意见，或者报告一些小的事项。毛天宇认为上行文的札子，主要功能有二：一是在职官员奏军机速办之事，在京官员上殿奏事。二是两府官员、知州以上官员上书言事时使用札子。

例如，宋代陆九渊曾经给上司呈上一件《与庙堂乞筑城札子》：

某僭有白事，《书》曰：“有备无患。”《记》曰：“事象则立。”荆门在江、汉之间，为四集之地。南捍江陵，北援襄阳，东护随、郢之胁。西当光化、夷陵之冲。荆门固，则四邻有所恃，否则有背胁腹心之虞。由唐之湖阳以趋山，则其涉汉之处，已在荆门之胁，由邓之邓城以涉汉，则其趋山之处，已在荆门之腹。自此之外，间道之可驰，汉津之可涉，坡陀不能以限马，滩濑不能以濡轨者，尚多有之。自我出奇制胜，缴敌兵之腹胁者，亦正在此。善制事者，常令其利在我，其患在彼，不善者反之。法曰："先为不可胜，以待敌之可胜。"又曰："无恃其不来，恃吾有以待之，无恃其不攻，恃吾有所不可攻。"谓能销患致利，备豫不虞也。荆门虽四山环合，易于备御，义勇四千，强壮可用，而素无城壁，仓廪府库之间麋鹿可至。累政欲修筑子城，畏惮其费，不敢轻举。某窃谓郡无城郭，使在内地，尚且不可，况其在边？平居形势不立，扃钥不固，无以系民心，待暴客。脱有缓急，区区仓库之储，适足以启戎召寇，患害之致，何啻丘山。权今费役，曾不毫末。惜毫末之费，忽丘山之害，难以言智。一旦有警，谁执其咎？

某去冬妄意闻于帅府，请就此役。寻得帅檄，令委官置局，径自修筑。欲趁冬土坚密，庶几可久。已于十二月初四日发手，亦幸天气晴霁，人心齐一，腊前两旬，土工毕事，规模稍壮，邦人慰满。小垒绵薄，仍岁送迎，事力殚竭，累政之积，仅足办此。会计用砖包砌，立门施楼，其费尚多。目今见已包城十丈，砌角台一所，建敌楼一座。以此计之，犹当用缗钱三万。本军有买名银一万七千余两，隶在常平，稽之专条，不可擅用。欲乞钧慈，特为敷奏，于数内拨支银五千两，应副包砌支用。使城壁一新，形势益壮，奸宄沮谋，民心有赖，实为无穷之利。伏想钧怀，垂念边城，不异墙屏，思患豫防，久有庙算。择狂听愚，当不待辞之毕也。

这件札子是陆九渊向上级官署建议在荆门修建城郭，加强军事防御，提高荆门的防守能力，做到有备无患，保证荆门地方社会稳定的。作者分析了荆门地理位置的重要性，以及荆门军事防御的薄弱，从而提出了自己的意见和建议。加强荆门防务虽然是小事情，但在宋代外松内紧的治理观念下，这一建议还是符合宋代统治者的治国牧民意图的。

官员也可以向皇帝呈送札子，表明自己对某件事情的建议或者对某种现象的看法。宋代苏轼就给皇帝写过一份札子，《论魏王在殡乞罢秋宴札子》：

元祐三年八月二十一日，翰林学士朝奉郎知制诰兼侍读苏轼札子奏。臣近准钤辖教坊所关到撰《秋燕致语》等文字。臣谨按《春秋左氏传》，昭公九年，晋荀盈如齐，卒于戏阳，殡于绛，未葬，晋平公饮酒乐，膳宰屠蒯趋入，酌以饮工曰："汝为君耳，将司聪也。辰在子卯，谓之疾日，君彻燕乐，学人舍业，为疾故也。君之卿佐，是谓股肱，股肱或亏，何痛如之，汝弗闻而乐，是不聪也。”公说，彻乐。又按昭公十五年，晋荀跞如周葬穆后，既葬除丧，周景王以宾燕，叔向讥之，谓之乐忧。夫晋平公之于荀盈，盖无服也。周景王之于穆后，盖期丧也。无服者未葬而乐，屠蒯讥之。期丧者已葬而燕，叔向讥之。书之史册，至今以为非。仁宗皇帝以宰相富弼母在殡，为罢春燕。传之天下，至今以为宜。今魏王之丧，未及卒哭，而礼部太常寺皆以为天子绝期，不妨燕乐，臣窃非之。若绝期可以燕乐，则《春秋》何为讥晋平公、周景王乎？魏王之亲，孰与“卿佐”？远比荀盈，近比富弼之母，轻重亦有间矣。魏王之葬，既以阴阳拘忌，别择年月，则当准礼以诸侯五月为葬期，自今年十一月以前，皆为未葬之月，不当燕乐，不可以权宜郊殡便同已葬也。臣窃意皇帝陛下笃于仁孝，必罢秋燕，不待臣言。但至今未奉指挥，缘上件教坊致语等文字，准令合于燕前一月进呈，臣既未敢撰，亦不敢稽延，伏乞详酌。如以为当罢，只乞自皇帝陛下圣意施行，更不降出臣文字。臣忝备侍从，叨陪讲读，不欲使人以丝毫议及圣明，故不敢不奏。取进止。

这是苏轼请求皇帝在魏王丧期停止举行宴饮活动而发表自己看法的札子，他指出应该遵循古制，在除服之后才能举行宴饮，“未葬之月，不当燕乐”。这一札子相当于现代公文中的建议或者事项报告，主要用来陈述作者的意见和建议。

三、札子的文体内容和特点

“札子”作为一种常用公牍文体，在文章的内容构成上，包括主体内容和格式内容。主体内容是书写需要陈述的事情和理由，格式内容主要是惯用语和礼节性话语。

（一）札子的正文内容

关于“札子”的正文，张祎认为，“札子”的正文内容主要有三种类型：第一种是朝堂之上皇帝与宰辅大臣商定政令举措，自上而下施行；第二种是朝廷对于臣僚奏请的回应批示；第三种是转达皇帝批示的札子，例如：

中书札子

丹州咸宁郡王庙已降

敕命，特封忠武王。

这件札子中带有“敕命”二字，表明札子的主要决策内容是经过中书省与皇帝商洽的，此处只是转达皇帝批示而已。这是御前札子的正文内容书写形式。

又如《敕赐开化之寺牒》，实际是一件札子，其中部分内容如下：

绍兴二十二年十一月内臣寮上言，三省同奉圣旨，塔庙令礼部看详兴工，令临安府转运司同共措置。后于绍兴二十六年智昙蒙临安府给帖住持修建，且智昙不愿申请官中钱物、材料、木植，并是自己衣钵并教化檀越乐施钱物。今来已建七层，院宇百间，将欲成就。委是，江潮平善，舟楫无虞。切缘开化寺原有敕黄文字，昔缘兵火烧毁不存。欲望特赐给降敕黄付智昙住持。

这是尚书省给皇帝呈上的牒札，陈述了临安府开化寺被战乱兵火焚毁之后，住持智昙辛苦集资重修，修成之后，向皇帝请求赐予敕黄御字。这件札子简要叙述了重修开化寺的经过，并提出相关要求。待皇帝批准之后，尚书省直接向开化寺下发札文。

（二）札子的格式用语

格式化的语言是公文的形式要素，不能忽略，但也不能过于夸张，喧宾夺主。“札子”的格式用语主要是惯用语和礼节性话语。

在格式上，开头和结尾一般用惯用语，中间用书的形式。南宋人赵彦卫在《云麓漫钞》中记载：“秦忠献当国，有投以札子者，其制，前去‘顿首’‘再拜’，而后加‘又谨具，申呈月日，具官姓名’，札子多具十余幅，平交则去‘申’字。”重视社会交往中的礼节，使用惯用语，以此表达亲近之情，具有现代书信的格式特征。

惯用语主要包括开头引入性话语和结尾收结性语言，二者形成前后呼应的结构关系。引入性的话语，可以是说明原因或引入主体内容的，也可以是表明陈述对象的。而文章末尾的收结性语言，可以表明文书传送的对象，或者是押字，也应该加上交往的礼仪性语言。“清制上级官厅行下级官厅之文书用之。其式之最普通者，首称：‘为札饬事云云’，末称：‘此札’，文后另行书：‘札某某官。’有委任事项者则首称：‘为札委事。’如有所督催则首称：‘为札催事。’”

在宋代，中书省、尚书省发文的札子一般都会在文前带有“奉圣旨”“奉御笔”字样，表明决策是经过最高统治者同意的；在文末用“札付某某”格式，表示命令下达的对象。札子末尾的宰臣签署都使用押字，而不是直接签名，既是重视官职地位的表现，也防止别人修改伪造。张祎认为，“相较于签名，押字符号的寓意与设计外人难以揣知，不易摹写、伪造，故而在一些直接签发的文书中，宋代君臣通常偏爱使用押字”。

关于“札子”的礼仪性话语，不求谄媚刁滑，只讲究简洁适度，点到为止，做到有礼有节即可。

（三）札子的呈现形式

“札子”的呈现形式，有单篇成文的，也有多篇成文的。清代王士禛在《香祖笔记》卷十中写道：“宋士大夫，以四六牋启与手简骈缄之，谓之双书。后益以单纸，直叙所请，谓之品字封。后又变而为札子，多至十幅。”

另外，“札子”有时候是与“牒”同时下发的，因而，“札子”与“牒”的使用方式相似，上文《敕赐开化之寺牒》即为案例，如同现代文体的“通知”，属于日常的事务性通知文体。不同的是，“牒文”之后要署名，而“札子”文末签押，不署名。

例如，元丰札子是配合忠武王加封敕牒一同下发的，在《浑王庙牒》碑文中，该敕牒末尾有日期与宰臣签押：

元丰二年八月日牒
右谏议大夫、参知政事蔡假
礼部侍郎、平章事王押
工部侍郎、平章事吴押

“札子”是古代的一种特殊而且使用频率很高的公文文体。“札子”的使用规则在一定程度上，体现了封建统治阶级内部的权力博弈，重要的事项收归君主，而施行办理具体事务的责任则委于中书省、尚书省等机构和宰臣。“札子”在文体形式上既有规范的格式要求，又有内容书写的自由开放。“札子”的语言特点表现为简洁实用、格式规范，一般使用口语表达，但在陈述事情、说理分析上又追求真实严谨。

第三章 陈骙《文则》的公文文体观

第一节 论陈骙《文则》的公文文体观

《文则》是南宋时期陈骙所著的一部古代文论专著，成书于宋孝宗乾道六年（1170年），是我国较早的一部重点论述公文写作基本规则和技巧的文论专著。谭全基先生在《〈文则〉研究》一书中称："《文则》一书的中心目的，是要后人以古人经典著作的写作方法做准则，所以陈骙说：'古人之文，其则著矣'"。谭全基先生认为："'则'就是规则、准则，含有规律性的意思。'文则'就是做文章的法则。"余莉在《〈文则〉的实用文章学理念及影响》中认为："《文则》对文章的研究从行文风格到章法结构、炼句法、语言以及文章批评，初步建立起了文章学的理论体系，使《文则》成为继《文心雕龙》之后的第一部文章学理论著作"，"《文则》对文章的研究是以文章的实用性为基石，并在此基础上广泛讨论文章的写作法则"。

《文则》论述了古代公文文体的八种基本类型，并从词法、句法等角度阐述了古代公文文体的基本特征。《文则》一改魏晋南北朝时期抽象深奥的文论特征，突显了将理论与实践相结合的理实一体的文论建构思路，为后世公文批评理论的构建提供了较为实用的公文写作文体论。

一、归纳了古代公文文体的基本类型

陈骙在《文则》中列举了古代的八种主要公文文体，并综述了各种公文文体的特点。这八种公文文体分别是：命、誓、盟、祷、谏、让、书、对。

陈骙在《文则》中指出："春秋之时，王道虽微，文风未殄。森罗辞翰，备括规摹。考诸《左氏》，摘其英华，别为八体，各系本文。"陈骙认为，春秋时期，先王之道虽然衰微，但文章关注政事和时事、以文论道的文风没有泯灭。文章体裁形式丰富多样，辞章溢彩，多体兼备，规格形式多为后人效仿的典范。而这些公文文体，是"考诸《左氏》"而分析出来的。由此可知，陈骙的公文文体观是以先秦时期经典作品为佐证和依据的，具有鲜明的"宗经"思想。

查阅先秦典籍可知，"命"、"誓"、"盟"三种公文文体不仅在《左传》

中存在，而且在《尚书》中也早已出现。徐师曾在《文体明辨》中说，“王言”在上古时期都叫作“命”，三代时期叫作“诏誓”，到了秦代，“改命为制”、“改令为诏”。在《尚书》中，出现了“牧誓”、“汤誓”、“甘誓”、“费誓”、“秦誓”，“大诰”、“酒诰”、“洛诰”、“顾命”、“文王之命”，这些都属于先秦时期的“王言”，是中国古代早期的公文文体。陈骙崇尚先秦经典的公文作品，把它们作为公文写作的典范案例，并从这些作品中总结出公文写作的基本规则和方法，建构了自己的公文文体理论。

在《左传》的叙事中，携带着很多早期的公文，诸如“盟”、“对”等文体。例如《葵丘之盟》，包含着“盟”、“对”两种文体：

夏，会于葵丘，寻盟，且修好，礼也。王使宰孔赐齐侯胙，曰：“天子有事于文、武，使孔赐伯舅胙。”齐侯将下拜。孔曰：“且有后命。天子使孔曰：‘以伯舅耋老，加劳，赐一级，无下拜。’”对曰：“天威不违颜咫尺，小白余敢贪天子之命‘无下拜’？恐陨越于下，以遗天子羞。敢不下拜？”下，拜，登，受。

秋，齐侯盟诸侯于葵丘，曰：“凡我同盟之人，既盟之后，言归于好。”宰孔先归，遇晋侯，曰：“可无会也。齐侯不务德而勤远略，故北伐山戎，南伐楚，西为此会也。东略之不知，西则否矣。其在乱乎？君务靖乱，无勤于行。”晋侯乃还。

夏天，鲁僖公和齐桓公等在葵丘集会，想重续过去的盟约，周襄王派宰孔把祭肉赐给齐桓公，齐桓公准备下阶拜谢。宰孔传达周襄王的话说：“因为你年高德重，为周天下建立大功劳，所以奖赐一级，不需要再下阶拜谢。”齐桓公则对答说：“天子的威严近在咫尺，我怎么能受到天子的命令和赏赐而不下阶拜谢呢？”于是下阶行完拜谢礼，才收下赏赐品。同年秋天，齐桓公和诸侯在葵丘会盟，说：“凡是我们一起结盟的人，既已盟誓之后，就恢复到过去那样友好。”

这两段文字，包含了“对”、“盟”两种公文文体。齐桓公在接受赏赐之前的一段对话就是“对”，就诸侯立功之后要不要继续遵守有关君臣礼仪的问题阐述了自己的观点，属于“对”的内容。而第二段是齐侯结盟诸侯的一段盟誓之词，就是典型的“盟”。

由于条件有限，先秦时期很少有单篇公文留于后世。而先秦经典多属于以言记史、以事记史的文章，因此，在这些具有鲜明“史”的特征的典籍中，留下了原始的一些公文文体。陈骙拿这些典籍中的文章来说明公文文体的来源和特征，以史为证，以典籍为准则，增强了其文体观的信服力和可借鉴性。

二、总结了古代公文文体的语言特点

《文则》从《左氏》中考察梳理，摘选其中的精华部分，分为八种文体，列举了一些优美典范的文本，并对这八种公文文体的语言表达技巧进行分析总结：

一曰命，婉而当；二曰誓，谨而严；三曰盟，约而信；四曰祷，切而悫；五曰谏，和而直；六曰让，辩而正；七曰书，达而法；八曰对，美而敏。作者观之，庶知古人之大全也。

“命”虽然属于“王言”，带有很强的政治色彩，但在语言风格上却表现得委婉而精当，没有过于尖锐、犀利的语言，陈述道理也精准恰当，旨在以理服人。上古时期由于生产力水平比较低，共同农耕狩猎的部落生活需要首领和部落成员友好协商，以及该时期还没有形成严格的宗法制度，部落内部民主、平等，因此，古代先王在向部落成员或者官员发布命令时，以协商的语气沟通事务，言辞之间委婉、平和较为普遍，符合当时的社会生产实际。

“誓”的使用与军事有关，主要用于战争之前君王对将士和百姓进行告诫和动员。例如，《尚书》中有《甘誓》《汤誓》《牧誓》，《甘誓》是大禹或者夏启在甘地讨伐有扈氏时对六军将领所说的一段话，是对有扈氏的讨伐宣誓；《汤誓》是商汤讨伐夏桀的宣誓词；《牧誓》是周武王讨伐商纣王的宣誓词。发动战争必须师出有名，需要有充足而正义的理由，更需要列举敌方的过错和罪行，才能保证战争的正义性和鼓舞性，才能得到贵族和百姓的支持。因此，“誓”这种文体追求语言的谨慎和严密，重在以理服人、信服天下，在语言表达和说理分析上则需要做到严谨无误。

“盟”是古代的“盟约之言”。陈骙认为，这种文体追求语言的简约和盟者内在的真诚。徐师曾认为：“夫盟誓之文，‘必序危机，奖忠孝，共存亡，戮心力，祈幽灵以取鉴，指九天以为正，感激以立诚，切至以敷词’。”“盟”，在主题内容上，要阐明结盟者所面临的困境和社会发展的机遇，发出齐心协力的宣誓；在语言表达上慷慨陈词，指天为证，表达内心的真诚。

关于“祷”，陈骙认为，写祷辞要本着真诚的敬畏之心，歌颂先祖美德，用词要华美。《尚书·武成》有武王伐纣的祷辞，深含道义，感情真挚。

“谏”用于向君王提出建议和批评，指出国家治理和社会生产生活中存在的突出问题。因此，这种文体追求和谐、正直的文风。例如“《事君章》曰：‘进思尽忠，退思补过’，此乃士贞子谏晋景公之辞”。语言简洁而意义深刻，富有启发性，表现出对君王质朴的忠诚。

“让”与“谏”有相似之处，主要用于批评错误。因此，必须点明具体的错误和得失，在语言上要求辩证有理，还要秉持公正公平的态度。

“书”适用于礼节性往来，是古代士人之间的往来书信，内容以陈述事情和交流情感为主。在语言上追求道理通达，说理有法；在说理形式上讲究技巧和方法，不能锋芒直露，伤人感情。

“对”一般用于下级对上级提出问题所给予的回答。“对”还可用于社交场合互相回答对方提出的问题和质疑。“对”追求“美而敏”，反应敏捷，思路清晰，陈词要机智优美。

三、提供了可借鉴的经典性例文

公牍学的专著，大多是把理论与例文分开成册。例如，《公牍学史》《公牍通论》《文体明辨》《文章辨体》等著作，均采用这种编辑形式。而《文则》却把文论阐述与例文分析融为一册，用理论审视例文，再用例文验证文论，增强了理论与实践相结合的实用性。这是《文则》的编辑特点，也给读者带来了理实一体的阅读便捷，使得这部论著通俗易懂，便于公文写作者学习和借鉴。

针对八种公文文体，《文则》逐个列举典型的例子。这些例文在作者看来，都是比较典型且有代表性的，可以作为规范化、规则化、可效仿的“体”，由这些例文大致可以“知古人之大全也”，从而对古代公文文体有一个总体的印象。

例如在“对”这种文体之后，作者以“郑子产对晋人问陈罪”一文为例，并解释说：“对文多矣，取此为体。”显然以此作为“体”的典范。又如，在对“盟”这种文体概念进行阐释之后，作者又以“晋赵简子誓伐郑”这篇盟约之文为例。

范氏、中行氏反易天明，斩艾百姓，欲擅晋国而灭其君。寡君恃郑而保焉。今郑为不道，弃君助臣；二三子顺天明，从君命，经德义，除诟耻，在此行也！克敌者，上大夫受县，下大夫受郡，士田十万，庶人工商遂。人臣隶圉免。志父无罪，君实图之！

这段文字出自《左传·哀公二年》。从盟誓的内容来看，赵鞅指责范氏、中行氏不行善道，祸害百姓，意图篡夺晋国君位，而郑国贵族又不守王道，抛弃国君，这些理由足以支撑赵鞅讨伐郑国的决定，说理充分而简明，论证严密而贴合实际。在语言上，使用了四字句和三字句，在整齐的句式中富有变化，节奏感很强，也充满激情，增强了文章的感染力。综合而论，这篇“盟”在内容和语言方面都体现出“对”这种文体“美而敏”的特点，是古代公文的典型范例。

但是，《文则》所选的公文例文有些也不是经典，比如介绍“命”这种文体时，选文为“周灵王命齐侯”，内容是：“王使刘定公赐齐侯命，曰：昔伯舅大公右我先王，股肱周室，师保万民，世胙大师，以表东海。王室之不坏，繄伯舅是赖。今余命女环，兹率舅氏之典，纂乃祖考，无忝乃旧。敬之哉，无废朕命!”“命”需要“婉而当”，而在这段文字中，周王虽然肯定了齐侯的功劳，但在晋封的语言上显得生硬，没有突出“婉”的特点。这样的语言和结构特点，在《左传》中比较普遍，没有特别的格式或者语言特色，只是一般的公文格式，不具有“准则”的典型性。作者选择一种颇具普遍性的文体格式来作为公文文体写作的范例。

另外，陈骙从《左传》中选择了八种公文文体，仅对这些文体写作的语言风格进行了阐述，却没有在文体写作的结构形式方面作进一步的分析和论述，这是文论写作的缺失。

第二节　论陈骙《文则》的修辞理论观

从语言学建构理论角度分析，在《文则》这部论著中，陈骙论及了语法、句法、辞格、文章风格、文体等多方面内容。最为突出的是，《文则》系统阐述了“文”的写作所能使用的修辞手法，形成了古代文论专论中少见的中国修辞学体系，成为中国古代在诗学修辞之外的专门用于“文”的写作专论，为中国古代文章写作建构了广义修辞学理论，体现了古代公文写作注重修辞效果的基本观点。

一、使用重复字词增强曲折语感

古人说，文贵于曲，曲径通幽是一种文学美感。陈骙认为，在语言表达方面，可以使用重复字词，以此强化文意，增强语言的厚重感。“诗书之文，有若重复而意实曲折者。《诗》曰：‘云谁之思，西方美人，彼美人兮，西方之人兮。’此思贤之意自曲折也。又曰：‘自古在昔，先民有作。’此考古之意自曲折也。《书》曰：‘眇眇予末小子。’此谦托之意自曲折也。又曰：‘孺子其朋，孺子其朋其往。’告戒之意自曲折也。”陈骙所举的这些例子，都使用了重复性的词句，但是这种重复并不是简单的文字重复，而是一种有意强化语义和语言韵律感的积极表达方式。这种重复可以把简单直白的语言变得曲折有深意，在变换的表达方式中将主要的词语重复，达到强调意义、句式整齐、节奏流畅的表达效果。

实际上，这种重复不是消极性的重复，而是积极性的反复，这也成为后来修辞方法的一种主要形式。例如，“云谁之思，西方美人，彼美人兮，西方之人兮”。在这里，把“西方”、“美人”按照不同的表达形式进行反复表达，是一种强化，是一种对意义的强调，在语言形式上增强了曲折反复之美，也增强了语言的节奏感。这种重复修辞理论也成为后来“反复”修辞手法理论的主要内涵。

二、使用对偶手法增强节奏感

陈骙在《文则》中说：“文有意相属而对偶者，如‘发彼小豝，殪此大兕’；‘诲尔谆谆，听我藐藐’；‘故谋用是作，而兵由此起’。文有事相类而对偶者，如‘威侮五行，怠弃三正’，‘佑贤辅德，显忠遂良’，此皆浑然而成，初非有意媲配。凡文之对偶者，若此则工矣。”这是说文章的对偶手法有两种，一种是意义相同的对偶，另一种是意义不同但相似的对偶。意义同类相互关联的对偶手法，例如“发彼小豝，殪此大兕”，把射杀小野猪和射杀大野牛两个互相有意义关联的事情放在一个句子之中，构成意义相属的意象，在句式上构成了对偶手法。“诲尔谆谆，听我藐藐”和“故谋用是作，而兵由此起”也是同样的方法。事物不同类但有相似性而形成对偶的文句，比如“威侮五行，怠弃三正”，“佑贤辅德，显忠遂良”，“威侮五行”与“怠弃三正”，都是行为不正、品德不端的表现，在行为性质上具有相似性；“佑贤辅德”与“显忠遂良”在个人修养方面都是正向的品行，是个人高尚修养的表现，因此可以并列在一起，构成对偶。这些对偶句子在意义上激发了读者的想象力，在语言表达上显得自然、淳正，不加雕饰，浑然天成，妙趣横生。

从理解古文的角度来说，要想读懂古文，必须了解古文的表达方式和意义。陈骙认为，学习古文，就要了解古文的基本特点，否则难以读懂古人所写的意思。作者这样写道：

古人之文，用古人之言也。古人之言，后世不能尽识，非得训切，殆不可读，如登崤险，一步九叹。既而强学焉，搜摘古语，撰叙今事，殆如昔人所谓大家婢学夫人，举止羞涩，终不似真也。

古人的文章是用古人的语言写的，古人的语言后人难以完全读懂。即使勉强学习古文，用古人的文字叙述当今之事，也难以达到古人的效果。这就像是古时大户人家的奴婢去学习夫人的言行举止，始终难以达到真实的效果。读者需要懂得古代修辞手法的运用，以更好地理解古文的意义和审美内涵。

三、使用助词增强语气和情感

在古代文章中，助词的使用，不仅可以增强语气表达效果，还能够起到完善音节的作用。在汉字的形与义上，具有想象性，助词的语义价值不仅体现在字面上，而且通过语气的表达丰富了字面意义之外的情感。

陈骙认为：“文有助辞，犹礼之有傧，乐之有相也。礼无傧则不行；乐无相则不谐；文无助则不顺。”在陈骙看来，文章在语言表达上使用助词，可以增强文章的语气，使语言变得刚健有力。正如礼仪要有傧相去展示、去表现。如果没有傧相的陪衬和烘托，礼仪就会缺少生气和活力。文章的语言表达需要用助词，助词的作用在于增强文章语言表达的形象性，强化语气的音韵效果，使得语言刚健有力，正如《文则》所说：“不如是，文不健也。”

陈骙举例论证。正面的例子，例如“《檀弓》曰：‘勿之有悔焉耳矣。’《孟子》曰：‘寡人尽心焉耳矣。’《檀弓》曰：‘我吊也与哉。’《左氏传》曰：‘独吾君也乎哉。’凡此一句而三字连助，不嫌其多也。《左氏传》曰：‘其有以知之矣。’又曰：‘其无乃是也乎？’此二者六字成句而四字为助，亦不嫌其多也。”这里的例句都使用了大量的助词，有表示否定语气的，有表示肯定语气的，也有表示疑问语气的。同时也举了反面的例子，例如唐代柳宗元批评杜温夫的故事，“唐有杜温夫者，为文不识助辞疑之之辞如‘耶’‘乎’之类，决之之辞如‘耳’‘矣’之类，皆一用之。柳宗元所以深言其病，不可不知。”柳宗元曾经写过一篇《复杜温夫书》，批评杜温夫“用助字不当律令”，不懂得助词的不同类别，把“乎、欤、耶、哉、夫”这些疑问语气词和“矣、耳、焉、也”等肯定语气词混淆了。所以，用好助词，能使文章的语气表达效果更好，语言富有韵律美。

四、使用倒装手法强化韵律感

陈骙认为：“倒言而不失其言者，言之妙也。倒文而不失其文者，文之妙也。文有倒语之法，知者罕矣。”文章写作可以采用倒言和倒文的方法，倒言、倒文实际上就是今天所说的倒装，是为了表达技巧和协韵的需要而对正常语序的句子进行倒装，形成一种特殊表达效果的语言形式。

人们在日常生活中形成了相对固定的语言表达习惯，因而，一旦语言表达的词序、语调等发生变化，就会产生新的表达效果。倒装句可以使文章语言意味深长。例如《春秋》写的是：“吴子遏伐楚，门于巢，卒。”《公羊传》曰：“门于巢卒者何？入门乎巢而卒也。”两部经典对同一件事叙事的方式和技巧不同，“然夫子先言门后言于巢者，于文虽倒，而寓意深矣”。吴子遏讨伐楚国时，路过巢邑城门时被守卫射伤，在返回的路途中死了。《春秋》记载此事，先说“门”，后说“于巢”，这是倒装。作者举这个例子，是说明为了强调“门”这一重点意义，《春秋》使用了倒装，这样就强调了吴子死亡的原因，而不是强调结果，使文章的内涵更加深刻。而《公羊传》则使用平叙手法，陈述吴子死了，语言平淡乏味。

倒装可以使语言的节奏更加和谐，从而增强语言的韵味。是否使用倒装句，关键要看语言的音韵表达是否需要，周志锋在《“倒词协韵”与古文解读》中认为：“之所以颠倒词序，有平仄的原因，有对仗的原因，也有押韵的原因。”这就是古代文论中所说的“倒词协韵”。

五、使用偏旁音韵成句法强化音乐美

陈骙认为：“字有偏旁，故文有取偏旁以成句；字有音韵，故文有取音韵以成句。”在古代文章写作中，有些是根据文字的偏旁组成一个句子的，有些是根据文字的谐音组成句子的。根据汉字构成特点形成修辞手法的写作方法，可增强语言的韵律美和节奏感。例如，“《庄子》曰：‘庸也者用也。’《檀弓》曰：‘夫祖者且也。’《祭统》曰：‘铭者自名也。’《表记》曰：‘仁者人也。’凡此皆取偏旁者也。《乡饮酒义》曰：‘秋之为言愁也。’又曰：‘冬者中也。’《易》曰：‘嗑者合也。’《乐记》曰：‘乐者乐也。’《孟子》曰：‘校者教也。’《扬子》曰：‘礼以体之。’凡此皆取音韵者也。”这些词语，都是根据汉字构成的特点进行拆分、重组，从而形成了富有节奏感、韵律美的语句。在把汉字拆分之后，套用了“者……也……”等形式的判断句，主谓语与中心词之间，要么是以偏旁拆字而成，要么就是谐音字。这种简单而富有创新性的语言表达，把音韵相同或者相似的词语放在一起，表现了协调的音韵美，增强了文章表达的音乐美。

六、使用多种比喻手法丰富形象感

文章写作可以运用比喻手法，比喻可以使语言简约精练又寓意丰富。“易之有象，以尽其意；诗之有比，以达其情。文之作也，可无喻乎？”《文则》列举的比喻方法有十种：“一曰直喻，或言‘犹’，或言‘若’，或言‘如’，或言‘似’，灼然可见。”“二曰隐喻，其文虽晦，义则可寻。”“三曰类喻，取其一类，以次喻之。”“四曰诘喻，虽为喻文，似成诘难。”“五曰对喻，先比后证，上下相符。”“六曰博喻，取以为喻，不一而足。”“七曰简喻，其文虽略，其意甚明。”“八曰详喻，须假多辞，然后义显。”“九曰引喻，援取前言，以证其事。”“十曰虚喻，既不指物，亦不指事。”

作者把比喻分为十种类型。这里的直喻、隐喻、博喻与现代意义上的明喻、隐喻和博喻基本是相同的，不再分析。至于其他几种类型，实际上是阐释了比喻的构成方式和技巧，这里简要分析几种重要的比喻方法。

（一）类喻

类喻是取其一类，以次喻之。“《书》曰：‘王省惟岁，卿士惟月，师尹惟日。’”岁、月、日，一类也。即日、月、岁，都是一类事物，放在一起就构成了类喻。类喻是一种比喻技巧，与排比结合起来，可以用来描述一个事件或事件的具体情况。齐昆在《〈文则〉论“比喻十法”》中认为：“从内容上看，喻体不仅是同类的，而且其数量是递增或递减、递升或递降的。因此，这类比喻不仅具有排比句增强语势的优点，而且具有层递辞格的特点。”

（二）诘喻

诘喻虽然是比喻，但实际上是诘问。《论语》说：“虎兕出于柙，龟玉毁于椟中，是谁之过与？”在这里，虎兕与龟玉构成比喻的主体，二者一出一毁，形成对比性比喻，有了对比才能构成反诘，这种比喻与反诘的修辞形式合而为一，增强了语言的形象感和趣味性，是一种深化文章寓意的表现手法。此外，这种书面语言的表达方式使用的是口语化的方法，通俗易懂，富有张力。

（三）对喻

对喻，先比后证，上下对应。文中举例《庄子》中的句子：“鱼相忘乎江湖，人相忘乎道术。”这里把两类性质不同但有相似特征的事物放在一起进行类比，然后用相同的句式构成一组完整的对偶句，在句式上形成对偶，在意义上构成比喻，把比喻与对偶巧妙地融合在一起，形成了对喻。句式显得整齐而有节奏感，在意义上，把当时社会重利轻义的风气用通俗轻快的语言表达出来，富有深刻的哲理。

（四）虚喻

虚喻，既不指物，亦不指事。例如，“《论语》曰：‘其言似不足者。’《老子》曰：‘飂兮若无止。’”虚喻是用具体的事物和现象比喻抽象的事物或者道理，“其言似不足者”出于《论语·乡党》，杨伯峻解释为：孔子经过鲁国国君的座位，面色矜持端庄，脚步也很快，“言语也好像中气不足”，这里实际是以语音的中气不足这一外在的可感觉的现象来比喻孔子内心的惶恐与矜持。“飂兮似无所止”出自《老子·第二十章》，原句是：“澹兮其若海，飂兮若无止。”意思是：恬淡沉静得像是茫茫大海，恍惚飘逸好像风没有止步的地方。这里是用渺茫的大海、无所止步的大风比喻老子所说的一种闲适恬淡的心境。这两个出处不同、意义相去甚远的句子放在一起，形成一种比喻，更多的是在形式上构成比喻句式，在意义上也能启发读者深思其中意味。在这组比喻句中，都没有出现本体，与现代所说的“借喻”有形似之处。当然，齐昆在《〈文则〉论“比喻十法”》中认为，陈骙所说的虚喻不是一种比喻，只是一种描写方法，“严格说来，‘虚喻’不能算作比喻，只不过是对某种现象的描状”。笔者认为，在现代修辞学中，虚喻也许找不到对应的比喻方法；但在比喻修辞的发展历程中，虚喻可能是现代修辞中借喻的渊源。

《文则》在写作修辞学方面作出了系统的探索和归纳，特别是在比喻、用语切合韵律等各个方面阐述了自己的观点，对后世修辞理论的构建具有重要的参考价值。当然，由于受到时代和社会文化的限制，这些理论与现代意义上的系统的修辞理论之间还有很大的差距，但是齐昆也肯定了《文则》的价值：“由于历史的局限加上研究对象仅限于六经诸子，《文则》的‘比喻十法’就其科学性、系统性、理论深度等方面来说，不能与现代修辞学中的比喻研究相比。但在八百多年以前，在当时不重视修辞研究的状况下，写出这样的著作实属不易。”

第四章　古代公文批评理论发展演变及审美形态

第一节　论中国古代公文批评理论史的分期

公文辩体涉及公文批评理论的发展演变，公文批评理论的形成、发展也就成为公文文体论的基本内容。而公文批评理论的形成、发展自然会成为公文批评理论史。因此，探讨公文批评理论史的分期，可以从文体论的角度折射公文体式的发展变化。

冒志祥在《试论中国公文批评史分期的构建》中认为中国公文批评史分为三个阶段：从先秦到魏晋为定型与规范阶段，隋唐宋为改革和发展阶段，元明清为成熟与分化阶段。但是，这一分期方法存在两个问题：第一，认为魏晋时期的公文批评理论已经定型与规范，这是值得质疑的；第二，中国公文批评理论不能只限定在古代，还应包括近代和现代。

关于魏晋时期，认为公文批评理论已经定型与规范，是建立在魏晋文学自觉论基础上的。侯迎华认为，在魏晋时期，公文理论已经进入自觉时期，“魏晋时期，是公文批评自觉的时期。此期出现了包孕式的公文批评著作。如曹丕《典论·论文》、陆机《文赋》、李充《翰林论》、挚虞《文章流别论》等，是这一时期重要的公文理论著作”。

但是，自觉不等于定型与规范，而且，魏晋文学自觉的观点本身也值得质疑。王澍则认为：“‘魏（晋）文学自觉说’只是谓‘诗歌文体自觉’而已。”相比之下，笔者更赞同王澍的观点，诗歌文体的自觉未必就能说明公文批评理论的自觉。

在此，姑且不论近代和现代公文批评理论的发展历史，单从古代公文批评理论角度来分析，其发展历史可以按照四个阶段进行分期，即：萌芽生发期（先秦两汉时期）、混融包孕期（魏晋时期）、发展改革期（唐宋时期）和定型独立期（明清时期）。

一、萌芽生发期：以建立基本的文体类型和写作方法为主要建构内容

萌芽生发期是指随着公文在公共事务中的使用，公文文体的命名和功能用途、对不同文体写作的基本要求等，已经在文学理论中开始萌芽。

中国古代文论是从诗学理论开始建构的，公文理论的建构明显滞后于诗学理论的建构。而在诗学理论建构的过程中，也开始了为诗体之外的文体命名与身份确立的活动，这便出现了公文批评理论的萌芽和生发。萌芽是指理论的初步建构，生发是指公文批评与诗论建构、公文文体形成相伴而生发出来的一些碎片式的理论。

（一）开始形成一些相对固定的文体类型

三代时期，公文文体开始出现，部分文体的形成和使用标志着公文理论开始萌芽。《尚书》成为先秦时期的一部公文汇编，其中出现了“谟”“誓”“命”“诰”等文体，这些文体的形成开启了公文文体理论的构建，“谟”“誓”“命”“诰”成为比较常用的公文文体名称。

在秦代，为适应大一统的社会治理需要，公文写作的基本体制、格式等基础理论开始初步建立。李昌远在《中国公文发展简史》中认为：“书同文”“度量衡”的国家规定，为公文格式和运转奠定了基本理论。秦汉时期，章、表、奏、议，诸种公文文体形成并大量用于国家事务之中，并且相对固定使用，被后世所沿用。而且，“秦汉时期不仅确立了古代公文的基本文种，也确立了撰制古代公文的其他体式”。比如，建立了皇帝名号制度，并在公文中使用；规定了公文的抬头制、避讳制的书面格式。这些规定，严格地说就是公文的基本理论制度，“在公文文种的法定化、公文体式的程式化和公文工作的系统化这三方面出现的变化都具有开创性质”。汉代纸的改进和使用，文种的增加，又使公文体式进一步程式化。

（二）语言表达理论开始建构

公文不同于诗歌的写作，这在先秦经典中已经论及。《论语》既主张“尚用”，追求“质胜于文”，强调文章写作语言要重“质”，也为后世公文语言风格确定了基调。《春秋》《左传》《汉书》中已有部分篇章对公文写作体制进行了初步设定，并形成了微言大义的“春秋笔法”，成为较早的公文批评理论，影响了后世公文写作和理论建构。《论衡》提倡质朴实用的语言风格。

萌芽生发期的公文及公文理论，与早期部落或者部落联盟的治理思想和方法分不开。由于这一时期文字本身还处于不发达阶段，因此，留存在典籍中的公文文本较少，涉及的公文文本和文体名称都是只言片语，体现在史官记录和后人整理的文章之中。

虽然萌芽生发期的公文理论建设集中在文体确定和格式确立层面，视野偏窄，却为后代公文批评理论的建构选择了基本的发展方向和路径。

二、混融包孕期：以诗文同构为特征，初步形成公文写作素养论

魏晋时期是中国古代公文理论建构活跃而且成果丰富的时期。在这个时期，出现了《典论·论文》《文心雕龙》《文赋》《文章流别论》等文论著作，公文文种的增多与公文理论的丰富相辅相成，互相促进、共同发展。

但是，在这一时期，公文理论的建构仍然是与诗学理论混融在一起的。诗论与文论同构，是魏晋文论建设的基本方式和特征。魏晋时期在公文理论建设方面，没有出现独立的公文批评理论成果体系，而是把公文和其他文体都纳入“文章”的范畴，把公文批评理论和其他文学理论都纳入大文论之中。这就形成了公牍文与诗赋文体混融、公文批评理论与诗论浑然一体的格局。

（一）诗文同构进行理论批评

曹丕在《典论·论文》中把“文”与“诗赋”同论，“夫文本同而末异，盖奏议宜雅，书论宜理，铭诔尚实，诗赋欲丽。此四科不同，故能之者偏也；唯通才能备其体”。尽管有论者说“奏议、书论，晋以后人所谓无韵之笔；铭诔、诗赋，晋以后人所谓有韵之文”，但是诗赋毕竟不是公文，把奏议、铭诔这些公文与诗赋相提并论，既是把公文与诗赋区分开来，又是把它们都视为泛化的文种体裁。

刘勰在《文心雕龙》中也把铭、诔、颂等公文文体与诗赋同时纳入文论之中。刘勰所论及的文体包括：诗、骚、赋、诸子、论说等，属于泛化的文体概念，从大文体的角度阐述了文体的发展演变。这样就把诗赋与公文区分开来，分体成章，却又合体成集。

陆机的《文赋》实际是从诗赋开始论述的，偶尔涉及公文。挚虞的《文章流别论》则是把诗赋与公文进行对比论述，“王泽流而《诗》作，成功臻而《颂》兴，德勋立而铭著，嘉美终而诔集。祝史陈辞，官箴王阙。”

这显然是把“铭”“诔”“箴”之类的公文与“诗”相提并论。学术界普遍认为，魏晋文论的一个基本思维是文体源于《五经》，徐昌盛在《〈文章流别论〉与文体辨析》中认为，“魏晋时期的学者普遍将文体的起源归结于‘五经’。”“五经”不仅仅有诗，还有诸子和史传，因此，公文起源于“五经”则必然把公文与诗、子、传相提并论。

（二）突出公文写作的主体修养论和文章功能论，公文理论构建开始由文种形式向内容深化

曹丕提出了“文气说”“经世致用”等写作理论。这些理论经过唐代韩愈、柳宗元的发展，成为公文批评的主要观点。《文心雕龙》提出的“宗经观”“明道论”“因情立体、即体成式”等，成为公文批评理论的精华，也成为后世“文以明道”公文批评理论的建构依据。这些理论集中在写作主体素养论上，对写作主体的道德素养、人格素养和社会责任素养进行了重点论述。

魏晋时期的文论，重点阐述了文章写作的功用、作者素养、写作基本方法和语言表达艺术，而对文体建构的论述还很少。公文被纳入“笔”之后，文论与诗论有了较为清晰的区分，但是，所谓的“文”究竟包括哪些文体，不论是曹丕还是陆机，都没有详细说明。他们都是从“文道”理论角度衍生出基本的公文写作素养。

（三）公文文论与诗论共同融于大文论之中

魏晋时期文论丰富，但在文章写作方法和表达艺术上，又把公文与诗赋同篇合论，显然是一种混融不清的文体观。

曹丕的《典论·论文》不仅论述诗赋，也论述铭、诔等公文文体，没有区分公文文体与诗赋的不同。刘勰在《文心雕龙·风骨》篇中，把“诗”与曹丕、孔融的文合篇而论。即使是在以论述公文为主要内容的《论说》篇中，也是把公文与其他论说文体混为一谈。刘勰把论说文体分为多种类型，“详观论体，条流多品”，“议”“说”“传”“注”“赞”“评”“序”等多种文体综合而论，既有公文文体，也有其他文体。

中国古代文论从先秦时期到魏晋时期，其实都是一种大文章论，公文批评理论的建构是分散在这些大文章论之中的。严格来说，魏晋时期的文论中并没有出现比较集中地论述公文写作理论的篇章和文集。而且，从公

文文集的角度来看，魏晋时期没有出现像《尚书》这样纯粹的公文文集，更不用说专门的公文批评理论著作了。

三、发展改革期：聚焦文风改革，突出公文写作内容和功能价值的建构

唐宋时期，是中国古代公文批评理论的发展改革期，在这一阶段，公文写作的主体素养论、文章写作“关世教”的功能，以及文章的主题价值得以突出。

（一）以古文运动推动政治改革，突出了公文的社会功用

魏晋时期的文章理论建设，在一定程度上受到了政治环境的挤压，而走向了形式化，从而忽视了文论的内涵建设。就公文理论建设而言，此时期的文论无法将关于公文内容的理论建构作为重点，只能着重在语言形式、表达艺术上探索。这样，也就使魏晋时期文论的发展和建设陷入了形式审美的狭隘空间，走向了“文胜于质”的浮华误区，文章的社会功用和气质内涵受到遮蔽，徐公持认为“把精力转向文学的技术性方面，或者文学的体裁问题上”，这就导致了“《文赋》《文章流别论》等的这种倾向，与三国时期的《典论·论文》《与杨德祖书》等文论著作大相径庭”。

何蕾在《中唐古文运动：社会转型背景下的文体之变》中认为：“西晋社会形态已经迥异于秦汉时期，与此同时，对诗文形式之美的追求业已成为公认的原则。”除了晋武帝时期政治言论比较开明外，其他帝王在位时基本上是高压政策，导致知识分子对文章写作与审美的论述偏重于文体形式和语言华美的探索，“采丽竞繁，兴寄都绝”成为西晋之后文章的总体特征。公文写作实践更是缺少高质量的佳作，这一文风的影响一直延续到唐初。

到了唐宋时期，公文写作“关世教”“文以致用”的实用功能受到文人和封建统治者的重视。一方面，政治革新急需改变齐梁以来的绮靡文风，这也激发了公文批评理论发展的内在动力；另一方面，唐代对公文的改革和发展，是从文风革新开始的，而且把文风革新放置在永贞革新的重要位置，这也成为唐代公文批评理论建设和发展的外在动力。古文运动的

目的是通过文学革新促进政治革新，这就不能忽视公文写作实用价值理论的创新。

（二）以突出“文以明道”“求道及物”为主要观点，发展了公文的主题价值理论

唐宋时期公文写作理论的主要成就在于进一步突出了“文以明道”的文章主题价值观。这一理论继承了中国传统文论的“宗经”思想，也对刘勰、王充等的文道观作了进一步阐述和发展。

柳宗元在《答韦中立论师道书》中提出：“及长，乃知文者以明道，是固不苟为炳炳烺烺，务采色、夸声音而以为能也。”柳宗元反对那种只有华美语言形式的公文，倡导公文写作要能“明道”。所谓“明道”，实际指向的是公文的主题价值。文章写作要能关注社会现实，有独立的见解，而不是互相吹捧。

韩愈也赞同柳宗元“文以明道”的观点，他在《原道》中写道：“博爱之谓仁，行而宜之之谓义，由是而之焉之谓道。”韩愈所说的“道”和柳宗元所说的“道”有所不同，但都指向了文章的主题价值。陈志英认为，“韩愈之道，纯指儒家之道”，强调以文章写作来传承儒家的仁爱、弘毅思想，赋予文章深刻的主题内涵，体现知识分子尊圣崇贤、厚养品德的理想信念。

柳宗元在强调“文以明道”公文理论的基础上，提出了“求道及物”的观点，他在《答吴武陵论〈非国语书〉》中说：“意欲施之事实，以辅时及物为道。”在《送徐从事北游序》中说：“以《诗》《礼》《春秋》之道施于事，及于物，思不负孔子之笔舌。能如是，然后可以为儒。”他认为从经书上找到的“道”，是假于物外的道，从事物之中发现的道，是及物之道，这样的“道”才有现实意义。“求道及物”是对“文以明道”的进一步深化，能做到“求道及物”才能成为真正的儒者。

欧阳修继承并发展了韩愈、柳宗元的“文以明道”理论。欧阳修的主要观点是“重道以充文”，强调写文章首先要有“道”，然后文字自然就会写得很好。欧阳修在《答吴充秀才书》中说：“圣人之文，虽不可及，然大抵道胜者，文不难而自至也。”这强调了“道”在文章写作中的重要意义，与柳宗元、韩愈的观点是一致的。

“文以明道”在唐宋时期成为公文写作主题论的主要观点，这对纠

正魏晋以来偏重形式审美的文风具有重要的理论和实践指导意义。首先，明确了文章的质量在于主题立意的高远，而不仅仅是玩弄语言文字游戏；其次，公文写作要关注社会现实，关注生活实际，不能脱离现实而写作，强调了公文写作的社会价值。“文以明道”理论为宋代“文以载道”理论的发展奠定了坚实的基础，也成为后世公文写作始终贯彻的基本规则。

（三）以儒家文士修养理论为依据，发展了公文写作主体素养论

韩愈钟情于汉代之前的文章，认为非三代两汉之书不敢观，意图用先秦时期儒家文士修养的理论来提升写作主体的个人修养，从宗经思想出发建构写作素养论。韩愈主张文章的写作者要先提高自身的修养，要做好各种知识储备、道德修养准备和语言技巧准备，然后才能写出好文章。写作主体的素养决定了文章写作的质量。同时，韩愈又认为，个人修养的提高需要一定的过程，提升个人修养不能急于求成，“无望其速成，无诱于势利；养其根而俟其实，加其膏而希其光。根之茂者其实遂，膏之沃者其光晔。仁义之人，其言蔼如也”。这种通过不断提升修养以达到“其言蔼如”之境界的理论，成为公文写作主体素养论的基本内容。

欧阳修认为要提高个人修养，需要关注社会现实，深入思考，体悟事物内在的道理和规律，这样才能写出好的文章。他批评那些“弃百事不关于心”的浮躁风气，肯定“孟子皇皇，不暇著书，荀卿盖亦晚而有作”是因为对事物内在的规律体悟深刻才能达到的，正如欧阳修在《答吴充秀才书》中所说：“若道之充焉，虽行乎天地，入于渊泉，无不之也。”

写作主体素养论是中国古代文论的基本理论之一。刘勰主张文人要有才略（即才能和识略），后世出现了“识、才、胆”说，“识、才、学、胆、趣”说，以及“德、学、才、识”说。当然，在中国古代文论中，写作主体素养中最重要的两个方面是“才”和“识”，“才”来源于写作者的天性，又与“仁”紧密相关，实际指向了德性修养，正如《论语·宪问》所说：“有德者必有言，有言者不必有德。”祁志祥认为“识”是见识，指向了作者对现实生活的观察和体悟，“‘识高’有赖于‘见广’，‘见广’自然会‘识高’”。写作主体素养论的建立，对提高公文写作的质量、推动优

良文风的形成都有着重要意义，这些公文写作理论也经久不衰，沿用至今。

四、定型独立期：以辨体为主要内容，构建体系化的公文批评理论

公文写作发展到明清时期，从公文辨体的方法到格式规范、语言修辞等多个方面，形成了体系化的公文批评理论。这是公文批评理论真正定型和独立的时期，也为近代和现代公文写作提供了文种类别、格式规范和语言特征等方面的理论借鉴。

（一）公文文体已经定型，公文的类群特征明显

所谓定型，是指公文文体的类型和格式发展到了明清时期，已经成熟并得到文论界的普遍认同。定型，不仅指公文写作形成固定的格式，还包括公文种类形成相对稳定的类群，比如，诏敕册等“诏”类文体群，奏表书等“奏”类文体群。《文心雕龙》《文章流别论》等文集虽然也对公文文体进行了分类，对公文写作格式进行了概括，但它们所论及的公文文体比较少，也难以形成定型的文体类群。自先秦时期发展到明代，公文文体已经形成了固定的文体类别，并能够根据文体性质和行文特征建立起成熟的公文批评理论。

在这一时期，体现公文写作理论的文论著作主要是吴讷的《文章辨体》和徐师曾的《文体明辨》。这两部著作都对常用的公文文体的类型和文体的发展演变进行了系统梳理和列举。《文章辨体》列举了46种公文文体，《文体明辨》收录了72种公文文体。两部著作收录的公文文体重叠的有43种。这些文体的定型，是对中国古代公文文体的总结，也成为研究中国古代公文批评理论的重要文献资料。罗根泽在校点《文章辨体》中说：“在当时，他们著作的目的，主要的是在指示写作各体文学的‘准则’；到今天，值得我们参考的却主要在他们提供了关于古典文学体类及其性质与流变的知识。”尊体意识成为《文章辨体》《文体明辨》最主要的文论思想，也可以说明这两部著作选录的公文文体应该是得到历史检验的成熟的文体。贾奋然在《论〈文体明辨序说〉的辨体观》中认为两部著作“全面总结了自先秦迄于明初的中国古代文体类型，特别是总结了齐梁以后新的

文体类型，阐发了许多重要的文体观念，表现出鲜明的辨体意识，将中国古代的辨体批评再次推向了高峰”。

（二）公文批评理论开始独立，对古今文论进行总结性归纳

所谓独立，是指公文批评理论从大文论中开始独立出来，形成了体系化的公文批评理论。其标志是，在《文章辨体》《文体明辨》中，作者在把文种归类单独成文的同时，另附“序”作为文章写作理论的专辑，这些理论的归纳为文种的区分提供了充分的批评依据。

公文批评理论的独立，主要在于公文理论体系的建构。《文章辨体》《文体明辨》都按照文体类别进行分类，并分体选文。在此之外，《文章辨体》还在“诸儒总论作文法”中辑录了历代文论家的文章写作理论，《文体明辨》也在“文章纲领”中选录了历代文论家的文论名言和名句，分为“总论”“论诗”“论文”“论诗余”，精选了文章学的经典理论。而在这些语录式的文论之中，能够用于公文批评的理论占据绝大多数，诗论所占篇幅较少，文论成为作者选录的主要内容。选录文论既是对先秦至明代文论的一种归纳，也是对公文写作及批评理论的集中系统化建构。

（三）以文章学理论为主要内容，形成了公文批评和审美理论体系

中国公文批评理论属于文章学理论的范畴，其把公文批评和审美置于文章批评和审美的大文论之中。这也是中国古代公文批评理论建构的基本特征，在明清时期的公文批评理论专著中表现得尤为明显。

在于北山、罗根泽辑录的《文章辨体序说》《文体明辨序说》中，能够反映出《文章辨体》和《文体明辨》的公文批评理论。归纳一下，主要包括文体特征论、主体素养论、文本审美论三个方面。

关于文体特征论，两部著作从不同公文文体的格式特征、语言技巧和文章功用角度构建了公文批评理论体系。比如，对于不同公文文体的篇幅长短、语言形式和行文格式，进行了简明扼要的阐述，对历代公文的格式特征和语言技巧进行了系统的整理和归纳。在语言表达艺术方面，吴讷强调“章表奏议，则准的乎典雅”“史论序注，则师范于核要”。关于文章的功用，吴讷和徐师曾都肯定了文章要关世教，吴讷认为“作文以关世教为主”，徐师曾强调“为文不关世教，虽工何益”。又如，对公文文体“册”

的格式，吴讷认为，“册”就是“策”，“策者，编简也。……其制长二尺，短者半之。篆书，起维年月日”。徐师曾认为“汉制命令，其一曰策书，长二尺，短者半之，其次一长一短，两编，下附篆书，起年月日，称皇帝曰，以命诸侯王、三公”。

关于主体素养论，主要是以儒家仁爱思想作为写作主体修养的基本纲目，认为作者需要修身立德，提高个人精神境界和品德素养，这样才能写出关世教、合为时的佳作。吴讷主张“为文须要有温和敦厚之气”“结文需要有精神”“以德不以形”，强调立德的重要性。徐师曾强调“文辞，艺也；道德，实也”，“作者抱其根源，而必由是假道焉”。文章写得好不好，根源在于作者是否具有高尚的道德境界，是否能够认识事物内在的“道”。因此，作者需要提升个人修养，“精神命脉骨髓，则非洗涤心源，独立物表，具今古只眼者，不足以与此”。

关于文本审美论，吴讷和徐师曾都运用了中国文章学的基本理论加以观照，主要包括文章以体制为先、作文需要先立意，语言要精练简约、文以气为主等内容。这是典型的文章学理论，具有中国文论自身的传统底色和审美价值。吴讷和徐师曾都选用了刘勰、柳宗元、韩愈、颜之推、欧阳修、苏轼、姜夔等历代名儒的文论，突出了尊儒尚文的文章学理论在公文批评理论建构中的中心地位。在理论的文本来源上，主要选用《汉书》《文心雕龙》《文章精义》《颜氏家训》《文章流别论》等历代文论中的经典名句。

五、结语

中国古代公文批评理论史的分期，应该放置在中国文论发展总体的历史中进行考察，以此区别于近代和现代公文批评理论。纵观中国古代公文批评理论的萌芽生发、混融包孕、发展改革和定型独立四个分期，可以看出中国公文批评理论的建设与发展是与社会政治、文化的发展变化同频共振的，从先秦到汉代儒家主导地位的确立，到魏晋动荡社会文化的现实，再到唐宋崇尚古文的改革，以及明清资本主义生产关系萌芽时期对儒学地位的影响，公文写作与批评都紧跟“时制”，这是中国古代公文批评理论形成的基本特征。

第二节　论《公牍学史》在公文发展史中的地位和作用

《公牍学史》是民国时期许同莘撰写的一部公文学综合性专著，林佳骊在《中国古代秘书学史之“公牍”二字演变》中认为这“是我国第一部公牍学的研究著作，具有重要的开创意义”。如果把《公牍学史》放置在中国公文发展史和公文批评理论史中进行考量，可以说，《公牍学史》具有承前启后的作用，也标志着中国公文批评理论体系的独立构建，对此后公文学和公文批评理论的建设和发展，都起到了重要的奠基作用。

一、标志着公文文体的真正独立

在古代的文体分类中，公文文体常常是与其他文体混融在一起的，没有独立出来。《公牍学史》将公文文体作为独立的研究对象，并将公文文体与文学文体区分开来，形成了独立的“公牍学”，构建了独立的公文文体体系，为后世公文文体论的建构提供了基本框架，也从此结束了文章学中文学文体理论与应用文体理论混融不清的历史。

首先，《公牍学史》将公文文体与诗词曲赋等韵文文体区分开来，仅收录和品鉴音韵自由的公文文体。许同莘认为，公牍学涉及的文体是用来处理官府公事的文章，这与那些以抒发个人情感为主题的诗赋是有区别的，也与古代重视形式华美而内容空洞的“文章”是有区别的。因此，《公牍学史》与此前的文论集的不同之处在于，此前的文论集既列举公文文体，也列举诗赋文体；而《公牍学史》不再收录诗赋文体，只是集中收录公文体裁作品。也可以说，它是在将公文与一般文章区分开来的基础上，构建了一个独立的文体族群——公文文体，改变了“古无公牍之名也，别公牍于文章”的思维定式。把公文文体从大文章范畴中分裂出来，实现了公文文体的真正自主独立。

其次，对公文文体的内涵进行了界定。许同莘的《公牍学史》从文章对解决社会问题的实用功能角度，对公文文体的内涵进行了阐述，并对公文文体的内涵进行了明确的界定。许同莘的公文文体理论可以概括为两个方面：一是公牍“临民治事之具”，“公牍之起也，自生民知治其群始也”，点明了公文产生的缘由和基本功能在于处理公共事务而非抒发个人情感；二是将政事与学术、公牍与文章关联而论，“是编之作，将以沟通政事、学术”。该理论从公文的性质、功能、作者素养和写作要领等几个方面对公文文体的内涵进行了阐述。正如许同莘在《公牍学史》中所说：“简牍为官府治事之文”，“凡书于牍书者，其事皆公事，其言皆公言”。

虽然曹丕在《典论·论文》中认为“文章乃经国之大业”，点明了文章或者文学对国家治理的积极意义，但没有明确文章与公文的区别，还停留在一种非常宽泛的文章功能论上。唐代韩愈、柳宗元的文以明道论，宋代周敦颐的文以载道论，都只是从文章写作主题价值角度立论的，也没有单独论述公文的内涵特征，没有论述公文与普通散文的区别。可以说，在民国之前，没有一部文集或者著作是专为公文立论的。

再次，将公文文体按照不同维度进行分类，从文章自身的特征和文体发展演变特征来构建公文文体理论。比如，按照行文方向来分，作者把公文分为上行文、下行文和平行文。“公牍之体，曰上行、曰下行、曰平行”，“上下行文之别，唐人谓上行曰言上，谓下行曰行下”，“平行之文，大抵公牍往来，叙述他人语气为多”。在《公牍学史》中，许同莘还对不同朝代的公文文种进行溯源，厘清了它们的发展历程、用途和使用规则。例如公文文种“批”，作者说，“公牍有批始于唐，自唐以前，惟用于书问答复而已”，而且总结了批的运转流程：“凡批答，原文之末批其后而返之。”又如“札子”，“在汉则谓之奏记，在六朝则谓之笺”。同时，《公牍学史》还对部分有细微差别的文体进行了辨体，例如，“榜文”写作要用四字句，不能突破这种规则，否则就会成为其他文体，“榜文以四字为句者，近代谓之斗方告示”，“泉州隆兴劝农文，亦四言而用韵，其一用五言韵语。虽名榜文，实歌谣也”。泉州隆兴的劝农文章署名为榜文，但因为句式不合规则，而失去了“榜文”的文体特征，变成了“歌谣”。这些，都是公文文体自身发展演变的特征，以此为视角，建构公文文体理论，更加彰显了公文批评理论的独立性。

二、标志着公文语言独立风格的形成

中国古代文论论述文章语言风格和特色很多，语言审美成为中国古代文学审美最具趣味性和艺术性的内容。然而，在《公牍学史》之前，文论所论述的语言美学理论，没有把公文语言与普通散文语言的特征和风格区分开来，常常把二者混为一谈。公文文体被纳入大文章范畴，公文文论也被纳入大文论体系之中，导致公文语言审美被隐含在大文论之中而不能独立。陆机论文，诗赋与公文文体同论，而且把“碑”“诔”“铭”“箴”“奏”公文文体与“颂”“论”“说”混合而谈：“诗缘情而绮靡，赋体物而浏亮。碑披文以相质，诔缠绵而悽怆。铭博约而温润，箴顿挫而清壮。颂优游以彬蔚，论精微而朗畅。奏平徹以闲雅，说炜晔而谲诳。”刘勰论述公文语言，把“以情造文”“情为本体”作为公文语言的特征，这也是古代典型的大文论思想，但“以情造文”却不能突出公文语言重理重实的特点。宋代陈骙在《文则》中提出的“文简而理周”“采总群言以尽其义”“言终引证”“断析本文”理论，则是阐述公文语言的基本特征。《文则》提倡语言的平实性和实用性，这是公文语言的基本风格，对后世公文学理论的建构影响很大。但是，《文则》提出文章写作要追求语言和谐、切合韵律的观点，不仅是诗赋的语言特征，而且是“文”的语言特征，并不是公文独有的语言特征。明代吴讷《文章辨体》和徐师曾的《文体明辨》注重文体辨别，但更多是从文章用途和格式上进行辨体。

到了民国时期，论述公文语言风格特征的理论得到独立发展，对公文语言的基本特征、风格和技巧进行专门阐述的文论已经见于《公牍学史》《公牍通论》等公牍学专著中。《公牍通论》提出了公文“与他种文字用字造句，有绝不相同之处”的观点，并从“术语”“成语”“约语”三个方面对公文语言进行了分类；但在用语技巧上，过于偏重用词炼句的方法，缺少对语言的思想性和语言风格全面系统的论述。

而《公牍学史》有“辞令”章，专门论及不同朝代的公文语言风格和特色。同时，在《外篇·通俗》一章中，提出了公文语言通俗易懂的观点，赞成吕叔简提出的“文章有八要，简、切、明、尽、正、大、温、雅”。虽然也不否定公文语言要遵守传统的委婉含蓄的审美规则，但更突出在“委”中的显、在“婉”中的辨，更加强调语义的外显和直接，这就是“平心静气者，立言之方也”的平和语言审美观，以及“公牍不贵奇，愈平实，愈有力量”的平实语言审美观。许同莘还强调“辞胜于理，不若理胜于辞”，主张公文写作要重视说理，不能苛求语言华美。许同莘的这些公文语言观，不同于《文心雕龙》《文赋》《文体明辨》《文章辨体》等泛化的文章语言审美理论（实际上都是对此前散落在各种文论中的公文语言观的一个概括式总结），既有承前启后的综述作用，又有开启独立的公牍学文论的建构意义。

另外，在语言的雅与俗上，许同莘认为公文语言既要通俗易懂，又要文雅，要能做到雅俗共赏，这与《文心雕龙》重雅、《文体明辨》《文章辩体》雅俗不辨、《文则》重俗的观点均不相同。许同莘认为公文重通俗，“凡指陈事理，施于实用，不事雕饰者，大而万言书，小而尺牍小简，皆通俗之文也”，但是，“平易近人，非鄙倍之谓也”。通俗不是鄙俗，在平易通俗之外，也不可忽视“雅”，“遐览陈编，近搜遗牍，禀经酌雅，不乏其俦其一；采彼菁英，昭兹矩矱”。因此，陆永在《从许同莘〈公牍学史〉看古代公文高下观》中认为：“许同莘推崇公文尤其是上行文的典雅之美，强调公文写作既需通达事理，亦要工于为文。”

三、构建独立而详细的公文写作主体论

在古代文论建构中，写作主体论成为不能或缺、无法避开的理论板块。从《文心雕龙》的“才略观”到韩愈的“其言蔼如”的“修德观”，再到李贽的“才、识、胆”的才识观，以及清代章学诚“临文必敬”“论古必恕”的“文德观”，都在探讨文章写作主体的思想素养、学识素养和职业素养。“在中国古代‘内重外轻’的文化模式和表情达意的文学倾向中，文学创作主体的能动作用和心灵素质一直受到关注。”把“德才学识情胆”作为写作主体的素质要素，这就为公文批评理论中的写作主体素养论提供了理论依据。

但是，这些文论中所谈及的写作主体均是泛化的，是文章和文学写作的通用性主体概念，形成的写作主体论也是泛化的主体论。更为泛化的是，文论家们围绕写作主体的素养，形成了“才识胆”说、“才胆识力”说、“识才学胆趣”说，每一种观点究竟适应哪一种文体写作，很难分清楚。而到了《公牍学史》，虽然其也继承了中国古代文学理论中的写作主体论，但其把公牍学与其他散文写作理论分离开来，单独从公文写作主体的角度进行了理论建构。

《公牍学史》把写作主体的素养论分列六节，分别论述了“积学”“晓事”“立诚”“得中”“养耻”“去忍”。其中，“积学”属于学识，“立诚”“养耻”“去忍”“得中”均属于修德。

许同莘的写作主体论不同于此前的写作主体论。第一，其把“积学”“晓事”作为重要素养，这对于此前以“才识”为重的主体素养论是有所

继承的，但《公牍学史》所说的“积学”“晓事”与“才识”说的内涵相距甚远。此前的“才识”说，重点是肯定作者的先天才性和素养，带有一定的唯心论，而“积学”“晓事”强调后天的学习和参与社会实践、关注社会现实的实践性，更强调作者对现实生活的关注和对治理政务的实践经验。第二，在写作主体的德行修养上，其强调了“养耻”“去忍”，这种德性修养，与清代之前以突出个体修养、明哲保身的德行观有所不同，其把个人德行修养与国家责任、社会责任结合起来，提升了写作主体论的德性修养的政治高度和家国情怀认可度。

许同莘认为公文写作者不仅要有文字表达能力，还要有正确处理政务与商务关系的能力，更要有深厚的学术基础。水平高的公文写作者，是集高超的语言文字运用能力、处理社会现实事务的能力和深厚的学术素养于一体的学者，所写的公文既能做到文字通顺，也要体现洞察实事、见地高深。侯迎华在《公文发展史的开山之作——论许同莘〈公牍学史〉》中认为，“公牍学与政事、学术、文章密切结合。若想写好公牍，首先须懂政事，有政治头脑；其次应贯通经史，有学问；第三懂作文之道，是写作普通文章的好手。公牍只有与这三者相沟通，才能真正成为‘公牍学’，写出公牍名篇”。在“牍髓”部分中，“许同莘更是专论治牍主体的素质要求，认为治牍主体要内外兼修，才、学、识兼备，更须讲求牍德，对治牍主体提出了一系列要求，为治牍主体素质培养指明了方向”。

四、构建系统化、理论化的公文写作方法论

钱志伟在《许同莘及其公牍思想研究》中提出：“古代论及公牍的书籍很多都是一言半语，吉光片羽，偶有涉及都是为议论文学作品而顺带提及公牍，并非讨论和研究公牍的专门之书。”在《公牍学史》之前，很多文论专著虽然都对公文的写作方法和篇章格式进行了阐述与分析，但是，这些专著常常就格式而论格式、就方法而论方法，停留在公文写作的外在技术形态之上进行分析，很少对公文写作方法和格式化特征进行系统化的理论建构。

例如，南宋陈骙的《文则》重在强调语言的表达技巧，既有修辞技巧，又有音韵格律技巧，至于哪些方法适用于公文写作，则缺少特征化的辨析。明代《文章辨体》《文体明辨》选录了大儒们关于文章写作的基本技巧和经典理论，但这些都只是“语录式”的罗列，并没有针对不同文体

进行适用性的分类与归纳。这些文论虽然对公文写作方法的建立有一定的借鉴意义，但较为零散，没有证明适合于公文写作的系统化的方法论。即使是民国时期徐望之的《公牍通论》，也只重在阐述公文的格式化特征，“《公牍通论》是徐氏在河北训政学院授课的讲义，故其重在陈述公牍名称、类别、体例、用语及程式等外在方面”。

许同莘的《公牍学史》则提出了系统化的公文写作方法。关于《公牍学史》中公文写作的基本方法，可以从五个方面进行归纳分析。

一是公文写作要突出主旨。作者提出了自己的观点：写作公文必须先突出主旨，这是写作公文的第一要义。公文写作不能把要表达的主题隐藏起来，而是要把“旨”凸显出来。公文写作要把观点、态度和方法明确地告诉读者，要遵循“微而显、婉而辨”的原则，“情深而文明，词达而理举，是之谓微而显”。公文乃“治事之文”，“治事”不能含蓄模糊，必须观点明确、旗帜鲜明地表达作者的思想情感和“治事”意见。因此，旗帜鲜明地“述旨”是公文写作的第一要义。

二是法后不法古的现实观照论。作者认为，学习写作公文要以时间上比较接近的典范文章为借鉴，不能效仿古代文章。这就是“法后”的现实观照论。

这与此前的“宗经”观是有所不同的，“宗经”可以解决一般散文写作在立意上的困惑，但不适用于公文写作。许同莘认为：“凡文章通例，后人不如前人，惟公牍则异是。故论诗必追汉魏，论文必溯周秦，而论牍则必宗近代。”一般性的文章写作可以借鉴古代经典中的思想观点和处理事务的方法，但是，公文写作需要与时俱进，需要随着社会发展变化而创新写作思路和处理事务的办法，不能局限于“故纸堆”。因此，许同莘“必宗近代”的“法后”论对现代公文理论建设和文风改革，具有启发意义。

三是通俗显理的通俗论。作者提出“文无骈散今古之殊，惟通俗与否而已。凡指陈事理，施于实用，不事雕饰者，大而万言书，小而尺牍小简，皆通俗之文也”。许多诗词曲赋只追求语言绮丽华美，而内容空洞无物，很“雅”，但缺乏生命力。而公文不同，公文写作以说理、实用为主，就应该追求语言的通俗易懂，而不是形式上的骈俪华美。当然，语言的通俗来源于生活的真实，没有生活的真实之“俗”，就难以写出生动的通俗语言。许同莘认为，公文语言的通俗化要处理好百姓习俗与义理之间的关系，既要尊重时代风俗，又要晓之以理，公文的立意要符合社会公认的道理，不能偏失于一个方面。这恰恰肯定了语言的“俗”源于生活的“俗”。

四是辞句表达精辟雅致论。在《酌雅》中，许同莘集中论述了公文写作要追求“雅”的美感，提出了“禀经酌雅”的酌雅观：“遐览陈编，近搜遗牍，禀经酌雅，不乏其俦，采彼菁英，昭兹矩矱”。公文写作以简洁为宗旨，因此要写得雅致。

许同莘既赞同公文写作主题立意上的“法后”，也主张语言表达上的“宗经”，这两者并不矛盾。在许同莘看来，公文的“俗”主要是公文写作要与现实生活结合起来，寻找生活中的语言、思想和观点之一，而公文的“雅”主要是从语言形式角度来说，即效法古代经典作品文质兼美的“雅”。

关于雅的类型，许同莘认为，公文写作之雅，体现在公文语言形式的美学性质上。公文写作的表达方式多种多样，有议论一般治国理政道理的文章，有可作为史论的公文；有引用诗句的，也有引用故事的，方法各异。公文语言表达要合乎社会公德，符合礼仪习惯，在通俗基础上追求雅致和精美，这样写出的公文才能得到读者的赞同和欣赏。

五是分析解决问题从长计议的远虑观。在《酌雅》中，许同莘认为，写作公文“有一时之言，有百世之言”，“兴一利则皆思利中有害而预防之，除一弊则当推致弊之由而杜绝之”。思虑深远与否，对公文的质量影响很大。写公文要追求文章立意深远，谋划事情要周全，解决问题要从源头着手，溯流探源，找准问题的症结，能够从长远角度考虑问题，提出具有长远性的政策和措施。要从根本上杜绝产生弊害的因素，正确处理好利与害、名与实、义与利、难与易、内因与外因的逻辑关系，辩证思考，追根溯源，全面深入地思考问题。

在用词用句上，要仔细斟酌，耐人寻味，“一字之误，不可不慎；一字之安与未安，亦不可不讲也”。语言表达得是否精准，决定了表意是否准确、深远。因此，公文写作要讲究炼字炼句，追求一字不可加、一字不可减的精美效果。

总之，在写作方法理论的建构上，《公牍学史》是一部独立的公文批评理论专著，其中没有诗论，更没有戏曲理论、小说理论，纯粹是中国公文批评理论。《公牍学史》在中国公文发展史中具有承前启后的奠基作用，是公文学和公文批评理论真正独立的标志。《公牍学史》以历史为纵坐标，以公文文风、公文批评、公文理论、公文制度、公文种类为横坐标，详细考察了中国古代的文书发展源流，开启了公文发展史的创作先河。

第三节　论公文关切社会现实的主题表达

中国公文写作强调公文能够关切社会现实，紧跟时代发展步伐，引领政治、经济、文化和社会风俗走向真善美，树立高尚的家国情怀，推动社会发展进步。这就是公文的主题价值和功能。古人提出作文必须关世教的观点，实际上就是强调文章写作需要扎根社会生活、生产和重大政策，关心国家、民族发展的大事情、大利益，以文治国，以文化人。作文关世教的理念，运用到公文写作中，更加具有适用性，公文的主题其实就是作文关世教理念的一种体现。

一、作文关世教的价值伦理

作文以关世教为主，这是中国古代文学理论的基本观点之一，也是中国文章学理论的重要观点。这一观点，北宋理学家叶文心表述为："文章不关世教，虽工无益。"

什么叫关世教呢？在笔者看来，可以从三个方面理解。第一，作文要充分发挥"以文化人"的功能，体现"文以载道"的价值追求。第二，文章应该关注社会现实，不能脱离实际和社会现实，既要紧贴现实生活，又要站在高远角度看待现实。第三，文章应该追求主题深刻，阐述自然规律和人类社会发展的历史规律。

（一）文以载道的文章价值观，决定了公文写作必须突出"以文化人"的价值功能

"文以载道"是中国古代文章论的基本观点，也是核心观点。从曹丕所说的"文章乃经国之大业"开始，到韩愈、柳宗元的"文以明道"观，再到周敦颐的"文以载道"观，形成了"文以载道"的理论体系。

关于什么是道？刘勰认为："文之为德也大矣，与天地并生者，何哉？夫玄黄色杂，方圆体分；日月叠璧，以垂丽天之象；山川焕绮，以铺理地之形：此盖道之文也。"刘熙载认为，孔子、孟子都赞成仁义之道，是治

国、做人之道。而道又有不同类别："有道理之家，有义理之家，有事理之家，有情理之家。四家说见刘劭《人物志》。文之本领，只此四者尽之。然孰非经所统摄者乎?"章学诚认为："道者，万事万物之所以然，而非万事万物之当然也。""一阴一阳谓之道。"

道与文是什么关系?"文以载道"，这是基本的观点。更深一层，"文以载道"的价值又是什么呢?那就是教化作用，是以文化人，要用文章、文学来陶冶人的情操，温润人的心灵，铸造人的灵魂，引导人自觉认识自然，认识世界，认识自身，从而感悟生活的本真和人的价值追求。

"文以载道"观告诉读者，写作者要深入体悟万物内在蕴含的真实规律和带给人的启发，从中感悟到为人、为事、为物的基本方法和境界，这样的文章才能与现实生活、自然界、人类活动密切关联，才能真实反映社会生活的真实面貌和内在规律。这就是文章关世教的主题价值。

中国文论主要集中在文章论上，文章论的基本观点就是以文化人。关注社会现实，解决现实问题，这是公文写作的基本原则。笔者在《中国公文批评理论观要》中提出："辞理兼备、切于世用"，语言要规范严谨、气势宏伟、有感染力；说理要切中肯綮、直指问题关键，有利于劝诫和教育世人。

曹丕在《典论·论文》中强调："文章乃经国之大业，不朽之盛事。"该论述强调了公文写作的实用价值，即其关涉具体社会生活的世教功能。文章写作不能封闭在象牙塔内，不能躲进封闭的思维空间，必须与社会生活实际结合起来，真实地反映社会生活和人生的内在规律，这样其才能发挥教化功能，才能实现以文化人的育人价值。

(二) 中国古代文论强调以形式为内容服务

张文潜认为："作文以理为主。自六经以下，至于诸子百氏骚人辩士论述，大抵皆为寓理之具也。故学文之端，急于明理。如知文而不务理，求文之工，世未尝有是也。"文章能够明理，是其根本的要求，有深刻之理，才能做到文字之工。文字是一种文化符号，但其最基本的性质则是人类发明的一种工具。文字符号经过情感和思想的串联，以及思维方式的组织，成为文章。其中，情感、思想和思维构成了文章的主题与内涵，而文字则在主题内涵之外了。这就是文与道的相互关系。

《颜氏家训》提出："文章当以理致为心肾，气调为筋骨，事义为皮肤，华丽为冠冕。”古人写文章既重视主题立意的深刻，又注重词句表达的恰当优美。“言而无文，其行不远”强调了在主题立意准确的基础上文字表达的重要作用。因此，在中国文学领域内，语言文字的表达技巧备受作家的重视和读者的关注。从句式设计来分析，诗词曲赋追求整齐有韵的句子，公文多为整散结合；从修辞角度来说，诗词追求对偶、排比等整齐性句子，而散文更多是对比、互文等。不管哪种语句表达形式，都追求适合、恰当。

没有优美精妙的语言句式和修辞手法，文章就不被读者喜欢；没有适度的艺术表达，文章的表现力就会降低。但是，任何语言形式都不是凭空编码的，如果文章不能寄托深刻的哲理、创新的智慧，那么再美的文字编码都只是一串僵硬的符号，没有艺术生命力。而深刻的主题也同样会激活写作者的文字使用智慧，从而使其在语言智慧库中调动出鲜活、精辟和优美的文字，这样的文字是富有审美性的。其审美的深度和高度取决于文章所蕴含的道的深刻性，文字的“显旨”深度取决于作者对“旨”的思考深度。

中国哲学思维有一个基本的价值取向，那就是重内轻外，所以在文辞与主题之间，在“文”与“道”之间，作家和读者都更重视主题立意、重视文内的“道”。言近而旨远、言约而义丰，都强调了文章内在的功力和价值。这种重内轻外的思维取向，恰恰是文章关世教的逻辑基础。

（三）文章写作要与时俱进，推陈出新

中国文学理论体系随着文学的发展不断走向完备和稳定，中国文学写作的主题类型、表达方法，都有现成的经典可以借鉴。因此，作者在不需要深入生活、了解生活的时候，也能写出流畅且有主题的文章。但是，这样的文章只是应景式、敷衍式和临时任务式的文章，其阅读、审美价值很快就会削弱甚至消失。

文章必须与时代发展密切相关。文章是现实生活的反映，需要从现实生活中挖掘和凝练思想情感与人生哲理。公文写作更应该关注当下的社会生活，关心当下的政治、经济、文化和民生等多方面的现实，从中发现新的时代问题，找准合乎现实的解决方法。这样的公文才是最具现实生命力的公文。

不同时代有着不同的政治思想、文化观念、生活价值观念和社会习

俗，这些都会对文章主题的形成带来很大影响，因而在不同时代写出来的文章有着不同的社会价值和审美价值。刘梦得说："而文章与时高下。三代之文，至战国而病，涉秦、汉复起。汉之文，至列国而病，唐兴复起。"文章的主题和语言表达符合某个时代的审美标准，但在其他时代，其不一定能够得到社会和读者的认可。时代不同，文章的价值也会不同，文章的审美效果也会不同。

因此，一个时代有一个时代的价值观、审美观和文化观，文章写作必须与时代同频共振，才能符合所在时代的主题价值追求。这就决定了公文写作需要与时俱进，用准确的语言、合适的表达形式，适应时代的价值观念和审美取向。

二、作文关世教的价值追求

（一）公文要承载治国理政的基本思想

文章要关世教，才能接地气，才能有现实意义。对于公文写作而言，最大的视角是治国理政。公文关系国家发展的大计，治国理政是最大的公务活动，也是所有公务活动的最高目标。

司马迁说："夫《春秋》，上明三王之道，下辨人事之纪，别嫌疑，明是非，定犹豫，善善恶恶，贤贤贱不肖，存亡国，继绝世，补敝起废，王道之大者也。"《春秋》这部著作，对上能够阐明夏禹、商汤、周文王等历代贤明帝王的牧民治国之道，向下能够分辨人世间的普通伦理纲常。通过分析辨别，分清事情的是非和疑难问题，判定犹豫难决的问题，对世间认为好的善人给予褒扬、对公认的坏人给予惩治，向帝王推荐贤能之人，对那些品德低下、没有能力的人给予鄙视，保存已灭亡国家的历史，延续已断绝的世系，补救弊政、振兴衰废，这些都是王道中重要的事情。司马迁高度评价了《春秋》在明王道、辨人事方面的正直、正义思想和公正的历史观。对历史和人事的公正态度本身就是一种"道"，是王道，也是治国之道。《春秋》的主题价值就在这里。

公文承载了治国理政的策略和方法，既是一种高深的哲学思维的体现，也是一种实用思维的体现。治国理政的思想既有正面引导，也有反面警示。

许多公文以正面引导为主，以先进的治国理念、科学的机制体制和模范人物的事迹为主要内容，正面阐述实现大治的思想观念和策略方针。例如李斯的《罢封建议》：

廷尉李斯议曰："周文、武所封子弟同姓甚众，然后属疏远，相攻击如仇雠，诸侯更相诛伐，周天子弗能禁止。今海内赖陛下神灵一统，皆为郡县，诸子功臣以公赋税重赏赐之，甚足易制。天下无异意，则安宁之术也。置诸侯不便。"

秦统一六国之后，在政治体制上是继续实行周朝的分封制，还是实行郡县制度呢？经过朝野上下激烈讨论，李斯呈上这篇文章，表达自己主张废除分封制、实行郡县制的观点，得到了秦始皇的认同，从而秦朝建立了新的国家行政体系，奠定了我国封建社会行政体制的基础。秦始皇高度评价说："天下共苦战斗不休，以有侯王。赖宗庙，天下初定，又复立国，是树兵也，而求其宁息，岂不难哉！廷尉议是。"

有些以批判、讽刺为主要目的的公文，起到了反面警醒的作用。公文从反面的人物和事件案例出发，批评错误、揭示原因，达到辨伪存真、驱除邪恶的目的。例如韩愈的《谏迎佛骨表》，重在指出"直以年丰人乐，徇人之心，为京都士庶设诡异之观、戏玩之具耳。安有圣明若此，而肯信此等事哉"，佛教不是用于稳定统治的，也不是治国的重要思想，而只是一些人的玩物而已，对于治国没有多大的意义，反而有很多消极影响。这篇"表"是从反面进行论述的，具有震撼人心的审美作用。

也有很多公文是褒贬兼备、正反两方面兼顾的，既有正面分析，也有反面批驳；既有对正确做法的肯定，也有对错误认识的纠正。作者从不同方面、不同角度进行论证，旨在阐述自己的治国之道、治国理想。

例如，贾谊的《论积贮疏》提出了"夫积贮者，天下之大命也"的观点，强调发展农业生产，储备足够的余粮对于稳定国家形势具有重要的作用，可以为富安天下，达到"以攻则取，以守则固"的大治目的。同时，作者也对社会上存在的浪费粮食现象提出批评，指出"今背本而趋末，食者甚众，是天下之大残也；淫侈之俗，日日以长，是天下之大贼也"。归根结底，这是由于统治者未能高度重视储存粮食的重要意义，未能掌握治国的真正方法。

文章写作应关注社会现实，并与之紧密结合，文章写作应达到讽喻、讽诫的社会批评效果。从"兴观群怨"的诗论中分离出文的理论，而这些文论又多指向作为“笔”的公文批评。唐代魏征敢于进谏，不顾个人安危，他的《谏太宗十思疏》深得唐太宗赏识。这篇公文总结历史经验，并从创业守成、人心向背等方面总结出治国需要居安思危、戒奢以俭等十项措施，实际都属于改进治国思路的具体策略。

（二）公文在治国之策之中要体现情感表达

中国公文体现的治国之策，包括依法治国和以德治国两种基本思想。在以德治国的理念之中，李泽厚认为：“中国的‘道’（天道）始于情”，“在中国，‘义’作为道德义务、责任，虽与公正、正义相连，但它不是理性的绝对命令，而是综合、平衡和剪裁了各种人情所得到的最终结果”。公文写作关世教，强调的是公文作为一种治国工具对社会中的个体进行一种价值引导，一方面从情感上响应统治者的政治号召；另一方面，引导统治者从情感上体恤社会中的个体，从而建立统治者与被统治者在情感上的桥梁。

因而，在公文写作中，用情感表达来对社会各个阶层进行规劝、体认，就成为公文关世教的一种价值追求。

从社会现实的角度来看，虽然古代社会以维护贵族阶级利益为主，但在治国牧民的思想理念上，任何一个朝代都坚持关心百姓疾苦的民贵思想。自孟子提出“君轻民贵”的思想之后，封建统治者都将这一思想作为维护自己统治的一种招牌。同时，在封建科举制度下，一些地位低下的知识分子在通过科举考试跻身统治阶级的过程中，也会因为对下层贫民的了解而提出关心民生、为民做主的治国思想，以求取得下层人民的支持。这样，关心百姓疾苦、保护民生和生产力的思想，就成为古代公文的一个重要主题，也是公文关世教的一个重要价值体现。

（三）揭示历史发展的基本规律

治国需要不断总结前代的兴衰起伏，吸取成功经验，记住失败教训。成功与失败印证着历史发展的基本规律。公文写作就是在对历史发展规律进行总结的基础上，用文字形式将其记录下来，作为后世治国的可读之物，同时也是古代知识分子用来参政议政的智慧载体。

封建知识分子和士大夫在朝议过程中，会在自己的奏疏、论策和谏议中阐述自己对朝代更迭、社会发展变化的认识，以此使统治者尊重历史发展规律、遵循治国利民的正确原则，从而巩固政权。

李斯的《谏逐客书》从治国需要人才的角度论述了无论是国士还是客卿，都是治国的人才资源，不能因为客卿不属于本土，就把责任和错误都归到客卿身上。作者从穆公、孝公、惠王、昭王四代君主纳贤治国而使秦国不断壮大的历史出发，再结合现实，强调善待客卿的重要性，建议秦始皇不要驱逐客卿。李斯从秦国自身发展的历史中，总结了重用人才、善待贤士对于强国的重要性，这给秦国统治者带来了启示，是适用于所有朝代历史发展的基本规律。

如何发展农业生产，如何理解农业与治国之间的关系，是中国历史发展必须思考的一个问题。历代统治者高度重视农业生产的重要性，重农抑商一直是古代统治者治国的基本思路和历史经验。除了上文所论述的贾谊的《论积贮疏》，还有晁错的《论贵粟疏》。《论贵粟疏》阐述了“欲民务农，在于贵粟”的基本观点，并指出“谷贱伤农”是导致农民不愿耕种土地的主要原因，同时商人不务农事却“衣必文采，食必粱肉”，这些都是导致社会不稳定的基本原因，也是历史发展带给世人的启示。

（四）教化国民，提高国民素养

关心百姓生活疾苦，保护民生利益的同时，封建士大夫也会在自己的文章中提出整肃社会风俗、教化百姓的主题。

韩愈在《谏迎佛骨表》中认为，佛教只是“戏玩之具耳”，朝廷倡导佛教不利于形成朴实的民风，“若不即加禁遏，更历诸寺，必有断臂脔身以为供养者。伤风败俗，传笑四方，非细事也”。同时，他对皇帝迎佛骨表示坚决反对，并表达了“惟恐后时，老少奔波，弃其业次”的担忧。迎佛骨是最高统治者的一种宗教信仰活动，将会带动天下百姓共同信仰佛教，这是关系到民风和社会风俗形成的重大问题。韩愈作为儒家思想的忠实信奉者，为了维护唐朝的正统风气，以上书形式对皇帝迎佛骨表示反对，并陈述了自己的治国观点。

一个时代的风俗影响着一个时代的社会价值取向，也必然引导这个时代向着一定的方向发展。因此，封建统治者非常重视良好民风的形成和维护。这在古代公文中多有体现。

社会风气的形成离不开教育，教育可以达到以文化人、以教育人的目的。重视教育对人民修养提升、对良好社会风气形成的价值，是公文写作的一个重要主题。而且，这种主题与命、令等文体密切相关。例如，曹操的《修学令》：

丧乱已来，十有五年，后生者不见仁义礼让之风，吾甚伤之。其令郡国各修文学，县满五百户置校官，选其乡之俊造而教学之，庶几先王之道不废，而有以益于天下。

这则令，从战乱带来的民风不纯、仁义礼让之风不再的社会现实出发，提出了兴办学校的主张，强调了教育重振先王之道，教化子弟和百姓的重要性。这种关注社会发展和治理现实问题的公文，切合实际，非常具有实践意义，真正体现了公文关世教的主题价值。

三、公文关世教的主题类型

（一）规劝成就明君型的主题

儒家思想一直尊崇帝王要成为明君、明主。明君、明主的标准有多重，例如，仁爱治天下，聪明智慧，敢于担当历史责任，这些都是明君、明主的特征。

明君的又一特点是重视人才，尊重人才，招贤纳士，为国揽才，以才治国。曹操多次下令招揽人才。曹操虽然不是帝王，但其挟天子以令诸侯，已经相当于帝王，所以，他在摄政期间，一直重视人才的发现和任用。

早在《尚书·说命》中，作者就已经告诉读者，明君在于“以康兆民”，明君不是统治百姓，而是治理百姓，为百姓谋求福利。知识分子本身属于人才，而且通过科举考试走向仕途，所以对与自己有着同样人生经验的人才非常重视，劝诫君主重视人才就是劝诫君主重视自己。任何朝代的兴盛发达，都需要人才作为支撑，没有人才，就没有治国智慧，国家就会陷入平庸与落后。因此，明君需要人才来维护自己的政权。重视人才、尊重人才就成为古代公文中一个重要的主题。

汉代刘邦曾经下过一道《求贤诏》：

盖闻王者莫高于周文，伯者莫高于齐桓，皆待贤人而成名。今天下贤者智能，岂特古之人乎？患在人主不交故也，士奚由进？今吾以天之灵、贤士大夫定有天下，以为一家，欲其长久，世世奉宗庙亡绝也。贤人已与我共平之矣，而不与吾共安利之，可乎？贤士大夫有肯从我游者，吾能尊显之。布告天下，使明知朕意。

御史大夫昌下相国，相国酂侯下诸侯王，御史中执法下郡守。其有意称明德者，必身劝，为之驾，遣诣相国府，署行、义、年，有而弗言，觉免。年老癃病，勿遣。

在这道《求贤诏》中，封建帝王对人才的渴求之情表现得十分真挚。刘邦认为，自己打天下是在贤者的支持下才成功的。而今江山已定，更需要贤能之人与自己一同治理天下。因此，他要求御史大夫周昌下达《求贤诏》给相国萧何，同时将其下达到各个州郡。他要求各个州郡的郡守发现德行高尚的人才，一定要亲自拜访，护送到相国府加以考察任用。如果发现人才隐瞒不报告的，要给予免职或者降级处理。这种真诚也是封建统治者对渴求人才的一种表达。渴求人才、爱惜人才在这篇公文中表现得十分迫切。

古代明君除了重视人才，还非常重视对官员的严格考察。舆论把能否用准人才、用好人才、把人才用到合适的官位上，作为最高统治者是否为明君的一个评价标准。《尚书·立政》中，周公旦告诫周成王，要慎重选拔任用官员，提出明确的劝诫，“吁俊尊上帝，迪知忱恂于九德之行”，要“继自今立政，其惟克用常人”，就是要任用有才能的“吉士”之人。

（二）阐述治国方略类的主题

公文是处理社会公务的工具，也是呈现治国思想的形式。因此，在公文中陈述治国方略成为公文写作一个重要的主题类型，也是公文关世教的一种价值追求，体现了公文作为治国工具的实质意义。没有这样的公文，公文关世教的价值就难以体现。

治国方略是一个非常复杂的体系，难以用概括性的语言完整描述，但可从古代公文中略见一斑。苏洵的《六国论》总结了治国需要自强的政治道理，贾谊的《过秦论》强调治国需要行仁义之道，魏征在《论君子小人疏》和欧阳修在《朋党论》中提出统治者要辨别君子与小人，行君子之道才能维护正义、稳定社会，这也是儒家一贯坚持的政治主张。曾国藩的《严办土匪以靖地方折》针对清末“土匪”不断发展、扰乱人民生活的现实，提出“严刑峻法，痛加诛戮”“纯用重典以锄强暴”的主张，要求皇上下令平定地方土匪，确保清朝政权的稳定。用武力震慑天下、统治天下，这是曾国藩在公文中所表达的治国方略。

治国方略具有实践性价值，是公文关世教的现实体现，这些公文可以折射出其作为治国工具的外在实用特征。

王安石的《答司马谏议书》陈述了自己为相的基本原则，驳斥了司马光对自己的弹劾，表明了为官者需要为人主着想，敢于大胆改革，敢于承担责任。作为一朝宰相，受命于人主，敢于“议法度而修之于朝廷，以授之于有司”，这是责任的体现，而不是侵官；针对当时存在的弊政，敢于兴利除弊，不算惹是生非；为天下理财，不算与民征利；在改革的过程中，出现反对意见，在历史上有过很多先例，不能因此而放弃。王安石在驳斥司马光的过程中，阐述了自己的为官之道和治国策略。

（三）书写知识分子的个人情感

陈情是公文的基本功能之一。在等级制度森严的社会关系中，知识分子承受着巨大的心理压力，对仕途的追求和个人身心受到压抑之间形成的矛盾挤压着他们的心灵。因此，在得意和失意之间、在积极进取和追求个性自由之间形成巨大的困惑和心理矛盾的时候，用公文书写自己的内心情感，成为知识分子表达情感的一种方式。而且，在政治环境中，个人要表达内心的情感，不能使用个性化太强的诗词曲赋，而需要使用合乎公务活动特点的公文文体。

李密的《陈情表》和诸葛亮的《出师表》都在一定程度上运用了抒情方式，增强了文章的情感色彩和感染力。中国传统的治国思想中，有以孝治天下的理念，孝本身就是建立在血缘和亲情基础上的一种伦理思想，孝治思想离不开情感的体认和诉说。李密在《陈情表》中以赡养祖母为由婉拒晋朝统治者征召为官，从亲情出发，把孝治与出仕的矛盾书写得很真诚，不仅为自己寻找了拒绝做官的理由，也为统治者寻找了一个安抚天下落魄士人心灵的方法。

诸葛亮的《出师表》主要书写出师北伐的忠心和愿望，在政治任务表达中寻找情感的理由，很符合封建统治者宣扬的士人要报效国家的治国思想。其把自己的内心情感与恢复中原的报国理想紧密结合起来，突出了主题，增强了文章的说服力。但同时，读者也能在文章之中体会到诸葛亮的忧心忡忡，“亲贤臣，远小人，此先汉所以兴隆也；亲小人，远贤臣，此后汉所以倾颓也”，这是对后主刘禅不分贤愚、是非不辨的担忧；“受命以来，夙夜忧叹，恐托付不效，以伤先帝之明”，这是对江山不稳的顾虑。

对先帝刘备托付事业的忠诚与对刘汉朝野上下人才不足、治理不佳的焦虑交织在一起，形成了《出师表》的潜在情感，这正是封建社会士人内心共同的困惑和焦虑。

李斯的《狱中上书》采用反语形式，表面上是列举自己犯下的七大罪状，实际上是陈述自己在秦国从弱小走向强大的过程中所做出的贡献。这种以陈述事情为主要表达方式的文章，文字背后隐藏着李斯内心的不平和愤懑之情。“若斯之为臣，罪足以死固久矣！上幸尽其能力，乃得至今，愿陛下察之!”认罪是表，陈情是里，表里如一，内心的不满深深嵌入文章。

（四）以史明鉴坚守治国正道

治国需要借鉴历史经验，以史为镜，以史明鉴。从前代历史发展的人物与事件中，总结历史发展的成功经验和失败教训，以此引发治国理政的新思考和新做法，寻找一种稳妥且有效的治国思想和方略。

经验性的借鉴，比如为官需要廉洁，这在封建社会已经得到认同，现代社会更是用法律和党纪政纪对干部加以规范和约束，这是从历史经验中得出的结论。李世民在《禁官人违律诏》中就明确提出严格的要求：“自今以后，官人行事与律乖违者，仰所司纠劾，具以名闻。”《贞观律》颁布之后，所有官员都要严格执行，如果有违反律令的，相关部门要弹劾。李世民提出的官人要廉洁守律的要求，是基于对历史经验的借鉴，“朕恭膺宝命，抚临率土，永鉴前王，宪章典故。虽文质递变，沿革不同，而发号施令，殊涂一揆”。历代帝王重视宪章典故的制定和执行，实际都是对官员廉洁从政的基本要求。

宋代吕本中说：“须令有所悟入，则自然度越诸子。悟入之理，正在工夫勤惰间耳。”悟入之理，实际就是深悟历史发展的内在规律，用历史发展的内在规律来启发治国者深深体悟治国之道和牧民方法。历史是最能直接告诉后人如何治国理政的事实和依据。

四、关世教价值实现与文辞修饰的关系

公文关世教体现的是公文寄寓的价值理念，而要想实现这些理念，需要公文写作者发挥自己的智慧，使用恰当且富有逻辑性的语言。这样的公文才能提升公文关世教的主题价值，才能被读者喜爱和接受。这就涉及公

文关世教的价值实现与文辞修饰之间的关系。

柳宗元认为，文章的主题表达与文辞不可分割。柳宗元在《杨平事文集后序》中说："文之用，辞令褒贬，导扬讽诵而已……辞令褒贬，本乎著述者也；导扬讽谕，本乎比兴者也。"写文章需要作者写出寓意深刻的文字，才能实现导扬讽诵的价值，导扬讽诵离不开比兴等艺术手法。比兴只是一个笼统的修辞概念，其中包含多种修辞方式和手法。

当然，公文写作重视实用，语言追求朴实和庄重，不需要华美的辞藻和瑰丽的文字，更不能有诡辩的心机。宋代张文潜认为："作文以理为主，尝著论云自《六经》以下，至于诸子百氏骚人辩士论述，大抵皆将以为寓理之具也。故学文之端，急于明理。"公文写作以说理为主要价值。因此，选用什么样的语言能够把道理说清楚，说得让读者能够接受，这是公文写作者需要精心谋划的。

古代公文写作常用的修辞手法主要包括对比、对文、对仗和排比。

对比在于从正反、真伪等辩证的角度加强对事理的阐述，强化语言的张力感，以此突出事理，引起读者深思。贾谊的《过秦论》是一篇使用对比手法较成功的公文。在《过秦论》中，有秦国与六国土地面积之比，武将与谋士的对比，九国之师与秦国军队的数量对比，还有出身低微的陈涉吴广与秦国贵族的地位和才能的对比，各种对比的目的在于引起统治者思考：治国图强并不仅仅在于人多地广，不仅仅在于人才多少和军队多少，更重要的在于施行仁政、关爱百姓，得到百姓的支持和拥护，这才是历史告诉后人的治国之道。这种对比与关世教的主题呼应和印证，突出了公文关世教的价值意义。

对文是古代公文常用的修辞手法之一。所谓对文，是指上下文之间，在陈述事实、分析道理的过程中，遇到相同或者相近的人物、事件、现象的时候，为了避免文字重复，而把表达相同或者相近意义的词语变换使用。在《过秦论》中，"南取汉中，西举巴蜀，东割膏腴之地，北收要害之郡"，"于是六国之士，有宁越、徐尚、苏秦、杜赫之属为之谋，齐明、周最、陈轸、召滑、楼缓、翟景、苏厉、乐毅之徒通其意，吴起、孙膑、带佗、倪良、王廖、田忌、廉颇、赵奢之伦制其兵"，均使用对文手法，起到了"犯中见避"的艺术效果，增强了语言的思辨性，达到了推理的多样化。

对仗和排比是增强公文语言气势的修辞手法。古人重视文章气势，这种气势既是作者自身的内在精神状态，也是公文语言外在的呈现形式。曹丕的文气说，韩愈的文气说，都强调文章要有足够的气势，从而增强文章的感染力和说服力。《答司马谏议书》使用了排比的修辞手法，对司马光的指责进行了批驳，语言很有说服力，充满信心和气势。《为徐敬业讨武曌檄》中，“入门见嫉，蛾眉不肯让人；掩袖工谗，狐媚偏能惑主。践元后于翚翟，陷吾君于聚麀。加以虺蜴为心，豺狼成性，近狎邪僻，残害忠良，杀姊屠兄，弑君鸩母。人神之所同嫉，天地之所不容”。该段文字使用了对仗、排比两种修辞手法，同时也使用了对比手法，在列举武则天丑陋行径和罪行的过程中，充满愤怒、谴责之情，句式的整齐感和语言的批判力相得益彰，充满气势和情感。

第四节　论公文文质兼美的审美意蕴

文体论离不开语言风格，语言风格是文章辨体的重要标准。因而，探究公文语言内在的美感也是文章辨体的一个重要方面。

自古以来，公文被视为“笔”而弱化了其文采之美，刀笔之吏是古代文人对公文写作者的一种轻视。其实，古代文人更加重视的是通过文章写作来表达个人的思想情感，而把公文写作仅仅看作处理具体事务的文体，不需要追求文章语言的审美和风采。然而，公文写作自进入现代以来，在重视叙事说理的基础上，明显关注文质兼美的审美价值，追求语言的精美流畅和意蕴的深刻隽永，呈现出文质兼美的艺术审美风格。

一、公文实用性主要体现为内容的事务性

公文是实用性的文体，是办理社会事务的具体承载形式，这是文论界对公文及其写作的共识。王健认为，公文属于应用文，因而具备应用文的一般特点。应用文的一般特点，主要指公文内容的真实性、客观性和格式的规范性，突出公文的社会实用价值。李昌远认为：“公文是法定作者在实施公务管理过程中经过一定处理程序，形成并使用的具有法定效力与规范体式的文书，是办理公务的工具。”这就把公文及其写作限定在“工具性”的属性上。把公文作为一种工具，更多的是强调它参与社会公务活动的现实价值和意到言止的简约表达效果，而淡化了它作为“文”的审美

价值。

公文的“工具性”强调它的实用价值，这种实用价值主要是指它的内容真实、客观和格式合乎处理事务的公共程序。但这些都没有从公文的语言和思想内涵角度进行分析与界定。因此，我们认为，公文的实用性主要体现的是它的内容真实、表意明确，并不是说它的语言和思想内涵停留在简单与肤浅上。

内容真实可信、提出的方法和策略切实可行，这是公文作为处理社会事务的文体的基本特征和写作要求。如果公文的内容不真实、客观，那么公文便失去了工具性价值。《党政机关公文处理工作条例》对拟制公文的要求是：“一切从实际出发，分析问题实事求是，所提政策措施和办法切实可行。”这种从实际出发、实事求是的要求，是就公文的内容来加以规定的，强调了公文写作的内容要符合实际情况，反映真实问题，提出解决问题的措施应该从实际中来，又能回到实际中去，而不能采用夸张、虚构和想象的文学手法。公文写作的这种要求，恰恰与诗词曲赋重视书抒发个人情感、发挥想象和联想的特点相反，是否真实、实用成为判断公文优劣的第一标准。

中国古代文论界对公文写作，一直强调其内容的真实性。白居易提出“文章合为时而著，歌诗合为事而作”的实用观点，强调文章要尊重事实，以能够解决实际问题为基本价值取向。柳宗元认为，写文章要阐述“道”，“道”强调的是文章的思想内涵，文章要有深刻的思想，要能够揭示事物内在的规律性。然而，柳宗元的“道”又是“及物之道”，是反映现实生活和社会问题的理论与思想，因此，这种“道”其实不是凭空想象和假设的，而是从现实生活中深悟出来的道理和规律。他说：“始吾幼且少，为文章，以辞为工。及长，乃知文者以明道。是固不苟为炳炳烺烺，务采色，夸声音而以为能也。”柳宗元反对那种“以辞为工”的形式审美，更加强调内容的真实性。宋代陈骙认为：“言以载事，文以著言，则文贵其简也。”民国徐望之认为，公文写作“其言简要，尤重实际”。他们都强调了写作公文并不追求语言的华美绮丽，而是要突出在简明扼要的语言中表达丰富的内容，语言要能承载现实生活和事物内在规律，并且能够真实地反映现实生活，发挥公文对现实生活用心观照和解决实际问题的实用价值。

公文内容的实用性强调了公文写作言约而义丰，言约只是形式，是外在表达，义丰才是内在的质性，是公文的内容本体。好的公文不是停留在简单的语言表达上，更重要的是用简洁的语言表达深刻的思想内涵。这种深刻的思想内涵是从现实生活中产生的，能够揭示事物内在的基本规律和社会民生的真实呼声。因而，公文写作更加注重内容的真实性和实用价值。这是公文写作审美的基础性价值追求。

二、公文“文美”体现为语言之美

公文作为处理事务的工具，其写作和处理需要符合公共礼仪，便于协调事务和落实工作。这就需要公文写作者从公共礼仪的角度选择语言风格。中国古代社交场合重视公共礼仪，基本的礼仪便于维护社会的公共秩序，形成和谐的社会关系。《论语·为政》说：“道之以政，齐之以刑，民免而无耻。道之以德，齐之以礼，有耻且格。”用礼来引导与教育百姓，百姓就能懂得哪些行为是耻辱的而远离耻辱，行为就能够符合规则。《礼记·曲礼》说：“教训正俗，非礼不备；分争辩讼，非礼不决。”礼在社会教化和秩序维护中有重要的作用，公文是用于处理社会公共事务的，就必须符合公共礼仪规范，才能发挥其沟通、协调和“关世教”的教化功能。因此，不同时期的公文写作都会使用具有时代特征的礼节惯用语，同时，在行文过程中，遣词造句、凝练语义的时候，都要慎重考虑公文阅读者的身份和心理，选用恰当的礼貌用语，用语言的礼仪性构成公文语言的艺术性。

从公文语言简洁明了的特征来看，公文写作和处理需要写作者有较强的时间和效率观念，需要追求语言的简洁精练，言约义丰，语言富有深刻的内涵和意蕴。这样既能激发读者的兴趣去阅读公文内容，又能使治国理政者在繁忙的工作中尽快处理公务，提高公文运作和解决问题的效率。基于这两个方面，公文既要有精练简明之美，又要追求言约义丰之美，这些恰恰构成了公文“文美”的主要内容。

所谓的“文”，其实主要指语言富有文采。孔子说“言之无文，行而不远”，强调了文采之美在写作中的积极作用。语言要优美典雅，既要有色彩美，又要有音乐美，更要有动静互补、内外之辨等时空交错的哲思之美。当然，语言必须与内容紧密结合起来，才能锤炼出优美的文采。韩愈主张“陈言务去”，“陈言”就是那些空洞无物的繁缛语言，强调的是语言要言之有物、言之有理。但韩愈并不否定语言的文采，他主张文章要有气势，赞同曹丕的“文气说”。他在《答李翊书》中说：“气，水也；言，浮物也。水大，而物之浮者，大小毕浮。气之与言，犹是也，气盛，则言之短长与声之高下者皆宜。”文章的气势来源于什么？一方面是对事物的深刻认识，另一方面则是对语言的有效组织和音乐节奏感，这恰恰是区别于绮丽华美语言的另一种醇正质朴的文采之美。

宋代陈骙认为，公文语言追求韵律之美和修辞手法之美。“乐奏而不和，乐不可闻；文作而不协，文不可诵。”文章写作如同音乐创作一样，音乐创作要追求旋律和谐，文章写作也要追求意义、语言节奏和韵律的和谐一致，否则，就是苦涩的文字堆砌，失去了生命之感和鲜活之美。同时，《文则》认为公文写作也可以使用比喻等修辞手法：“《易》之有象，以尽其意；《诗》之有比，以达其情。文之作也，可无喻乎?”既然诗歌可以使用比兴手法来表达情感，那么实用文的写作当然也离不开比喻等修辞手法。

以贾谊的《过秦论》为例。在这篇论文中，贾谊以优美且富有哲理的语言，表达了自己对秦朝从兴盛帝国走向覆灭的历史过程的看法，总结了秦朝灭亡的根本原因：“仁义不施，而攻守之势异也!”从修辞学的角度来分析，这篇论文使用了排比、对偶和互文等手法，增强了语言表达的感染力，深化了文章的主题内涵。特别是这篇文章使用了对文的修辞手法，避免同字重出，例如，“有席卷天下，包举宇内，囊括四海之意，并吞八荒之心”，这里的“席卷”与“包举”“囊括”本是同义词语，放在一起，避免用词重复，“惠文、武、昭襄蒙故业，因遗策，南取汉中，西举巴蜀，东割膏腴之地，北收要害之郡”，这里的“蒙”与“因”相对，“取”“举”“割”“收”对文。对文修辞手法在变换语言表达形式的基础上，使得文章语言富有变化，不呆滞，收到“犯中见避”的效果。

许同莘认为，公文可以使用修辞手法来增强文采之美：“公牍修辞之法，可以吕叔简语括之，曰：‘文章有八要，简、切、明、尽、正、大、温、雅。不简则失之繁冗，不切则失之浮泛，不明则失之含胡，不尽则失之疏遗，不正则理不足以服人，不大则失冠冕之体，不温则暴厉刻削，不雅则鄙陋浅俗’。”公文的语言要在叙事说理上切合实际，思想观点明确，同时，也要追求气势、醇正、温雅之美，还要体现写作者洞察事物的智慧、心胸宽广的大气，而不能在语言表达上流于尖酸刻薄和鄙陋浅俗。修辞，不仅是对语言自身的锤炼，也是展示文品和人品的基本形式。

公文也需要表达情感，而表达情感就需要文采之美。公文虽然是以叙事和议论为主要表达方式的文体，但它绝不是枯燥乏味的清汤寡水。公文在叙事和议论之中避免不了情感的流露与表达。公文虽然是以叙事和说理为主要表达方式的文章，但要想以理服人，还需要以情动人。公文需要表情达意，表情达意需要能够说服读者、感染读者，能够运用语言的美感和魅力增强说理的深刻性。因此，公文写作也需要语言的气势美、节奏美和韵律美，需要恰当的文采来传递情感、强化主题，这也是公文语言追求文采的另一个原因。

公文的语言之美，不仅仅是为表达主题、交流沟通服务的，更是语言自身的价值追求。刘熙载认为，文辞之美是公文写作的基本要求，“文，辞也；质，亦辞也。博，辞也；约，亦辞也”。无论是文采华丽还是质朴通俗，无论是繁缛的语言还是简约的语言，都是一种语言之美。只有这样的语言才能更好地表达思想情感，才能与深刻的思想内容相匹配。

三、公文语言和内容兼美

公文追求语言美和内容美的双重审美特征。孔子说：“质胜文则野，文胜质则史。文质彬彬，然后君子。”虽然这是指一般的知识分子要文质彬彬，从说话到写文章都要追求文辞优美而又富有哲理，但用于公文写作，也同样具有审美价值。

古代公文写作从语言到用词造句都追求美感，这样的公文才具有感染力和说服力，才能让读者乐于阅读。

以苏洵《六国论》中的两段文字为例：

六国破灭，非兵不利，战不善，弊在赂秦。赂秦而力亏，破灭之道也。或曰：六国互丧，率赂秦耶？曰：不赂者以赂者丧，盖失强援，不能独完。故曰：弊在赂秦也。

秦以攻取之外，小则获邑，大则得城。较秦之所得，与战胜而得者，其实百倍；诸侯之所亡，与战败而亡者，其实亦百倍。则秦之所大欲，诸侯之所大患，固不在战矣。思厥先祖父，暴霜露，斩荆棘，以有尺寸之地。子孙视之不甚惜，举以予人，如弃草芥。今日割五城，明日割十城，然后得一夕安寝。起视四境，而秦兵又至矣。然则诸侯之地有限，暴秦之欲无厌，奉之弥繁，侵之愈急。故不战而强弱胜负已判矣。至于颠覆，理固宜然。古人云：“以地事秦，犹抱薪救火，薪不尽，火不灭。”此言得之。

战国时期，秦国迅速崛起，不断向东扩张自己的领土，进而统一中原，一统天下，成为中国第一个封建帝制国家。但是，历史总会给后人留下一些值得思考的问题，为什么强大的六国会被小小的秦国所消灭？苏洵在《六国论》一开始，提出了六国破灭的根本原因在于“六国破灭，非兵不利，战不善，弊在赂秦”。山东六国之所以灭亡，不在于它们的武器不锐利，也不在于它们仗打得不好，而在于它们一味地拿土地贿赂秦国，向秦国乞求和平。因此，“赂秦而力亏，破灭之道也”。接着作者进一步分析，“不赂者以赂者丧。盖失强援，不能独完”。这些震撼人心的分析，突显了政论文章的主题深刻性，显示了文章“质”的高深，主题内涵的精辟，使这篇公文具有很强的生命力。

从语言的角度分析，全文使用散体形式的语句进行阐述，虽然没有华美的词句和整齐押韵的韵语，但文章突出的语言特色是充满了气势之美。提出观点的肯定，分析问题的精准，论证逻辑的严谨，使这篇文章富有强烈的语言震撼之感。

在公文“质”层面，古人写作公文追求文以载道，无论是通俗语言还是韵文体式，都只是表达主题的一种材料，重要的是使文章字句深处蕴含深刻的哲理和历史观、价值观。这是古代公文追求的深度。

现代公文在写作过程中，继承了中国文论重视“文以载道”“言近旨远”的表意传统，高度重视文章的思想内容表达。同时，其也追求语言精练简明、富有气势和节奏韵律之美，用富有修辞特征的语言表达来丰富文章的思想内涵，既实现了公文叙事说理的基本价值，也增强了文章气势、神韵和文采，收到了文质兼美的艺术效果。

深刻的思想内涵是现代公文审美的基本特征。现代公文写作追求在庄重平实的语言中蕴含深刻而精辟的思想内涵。没有深刻的思想内涵，只有华美的语言，公文写作就会陷入空洞无物的形式主义的泥潭。写作公文需要作者认真观察生活和社会现实，深入思考现实生活背后的规律、本质和特点，找准存在的问题，形成正确的认识和思想观点，提出准确的分析意见和可行的操作办法。这是公文写作增强思想性的一个基本特征。

刘勰认为：“辞之所以能鼓天下者，乃道之文也。”“精理为文，秀气成采。”文采只有建立在精理的基础上，才有意义。公文写作的文采不仅仅表现为词句的优美，更需要在字里行间蕴藏着深刻的“道”和深邃的

"理"，道深则文自然美，理深自然能够说服读者，就能起到发人深思、启发智慧的作用。在现代，公文写作的"道"已经超越了刘勰时期的"道"的内涵范围，无论是经济建设还是社会建设，无论是自然界的朴素规律还是专业领域的科学规律，无论是社会发展的先进理念还是现代人的基本权利，都可融入现代公文"道"的内涵。撰写现代公文，必须选准角度，深刻剖析某一领域、某一行业内在的发展变化规律，形成科学的、先进的、体现民族复兴和人民幸福的大道理，才能提升公文的主题性，增强公文的质感。

现代公文写作继承并发扬了中国古代公文写作的优良传统，对文章的主题和思想深度进行了强化。在公文写作中，叙事、说明和思辨相结合的认知智慧，深化了文章的思想内涵和主题的厚重感。例如《中华人民共和国国民经济和社会发展第十四个五年规划和 2035 年远景目标纲要》中的一段：

必须统筹中华民族伟大复兴战略全局和世界百年未有之大变局，深刻认识我国社会主要矛盾变化带来的新特征新要求，深刻认识错综复杂的国际环境带来的新矛盾新挑战，增强机遇意识和风险意识，立足社会主义初级阶段基本国情，保持战略定力，办好自己的事，认识和把握发展规律，发扬斗争精神，增强斗争本领，树立底线思维，准确识变、科学应变、主动求变，善于在危机中育先机、于变局中开新局，抓住机遇，应对挑战，趋利避害，奋勇前进。

这一段阐述了我国当前和未来一个时期发展环境面临深刻复杂的变化，对于经济发展环境的分析，抓住了问题的本质，突出了主要矛盾，因而有理有力，能够引起社会的深思。这一段从国家发展大环境和国内战略发展大视野的角度进行深度分析，指出了"十四五"及以后一段时期国民经济和社会发展的主要任务与战略思想，判断的准确性和思想的深刻性得以体现。这种宏观而有深度的战略思想，正是公文主题深刻的具体表现。

追求语言的气势与感染力，是现代公文的重要特征之一。李昌远认为："把公文写得好一些，不仅通顺，而且有文采，能产生较强的感染力。"公文写作需要有文采、有气势，气势是思想深刻的外在表现，也是高超的语言能力的直接体现。现代公文不仅是办理具体事务的工具，也在传播过程中发挥着社会动员和号召作用，从而集聚群众智慧，推动社会和经济良性发展。

气势不是空喊口号，也不是纯粹的语言文字游戏。气势来自对事物内在发展规律的深刻认识，也来自治国理政者心怀“国之大者”的胸襟。治国理政者站在国家和民族发展的大战略高度，坚持以人民为中心的发展理念，精准研判国内外大形势、大背景，积极探索科学、高效的治国理政方法和策略。这是现代公文对古代“文气”论新的阐释和实践。

以《中共中央　国务院关于全面深化新时代教师队伍建设改革的意见》中的一段为例：

各级党委和政府要满腔热情关心教师，充分信任、紧紧依靠广大教师。要切实加强领导，实行一把手负责制，紧扣广大教师最关心、最直接、最现实的重大问题，找准教师队伍建设的突破口和着力点，坚持发展抓公平、改革抓机制、整体抓质量、安全抓责任、保证抓党建，把教师工作记在心里、扛在肩上、抓在手中，摆上重要议事日程，细化分工，确定路线图、任务书、时间表和责任人。主要负责同志和相关责任人要切实做到实事求是、求真务实，善始善终、善作善成，把准方向、敢于担当，亲力亲为、抓实工作。

这一段对各级党委、政府抓好教师队伍建设、关心教师队伍健康成长，提出了明确的要求。字里行间流露出的是一种重大的责任，是对教育规律的深刻认同和严格遵循，是党和国家对民族振兴与国计民生的深厚情怀。深刻的思想之中蕴藏着坚定自信和敢于承担责任的气势，富有强大的感召力。在语言表达技巧上，使用了排比句，增加了语言的气势美。同时，动词使用准确而富有变化，丰富了语言的形式，更强化了语言的质性之美。

文质兼美是现代公文写作的最高境界。公文写作首先要追求思想深刻、富有感染力的“质美”，这既是公文思想深刻的具体要求，也是公文传达党政机关意图的严肃性表现。公文是处理公务的工具，面向的是广大社会群众，呈现在公众面前的文字必须言之有物、言之有理，才能增强公文的号召力，达到有效沟通和协调的目的。

公文写作的深刻思想性也需要修饰词句，以提升语言表达的艺术性和审美价值。在公文写作中，可以引用中华传统古典诗词中的名句和家喻户晓的谚语名言。在修辞手法上，可以用排比增加语言的整齐美和气势美，使用通俗的比喻丰富语言的内蕴，使用意义相关或相同的动词，以获得“犯中见避”的变化美感。

刘熙载认为，文质兼美是“文”的写作特点和要求，“文，辞也；质，亦辞也。博，辞也；约，亦辞也”。无论是文采华丽，还是文采质朴，无论是繁缛的语言，还是简约的语言，都是一种适当的词语风格，而这些富有变化的语言是与要表达的主题和思想内容紧密相关的。既有深刻的思想性、鲜明的主题性，又有耐人寻味的语言艺术效果，这正是现代公文写作追求的文质兼美的艺术境界。

参考文献

[1] 刘熙载．艺概注稿［M］．袁津琥，校注．北京：中华书局，2009.

[2] 李昌远．中国公文发展简史［M］．上海：复旦大学出版社，2007.

[3] 许同莘．公牍学史［M］．王毓，孔德兴，校点．北京：档案出版社，1989.

[4] 吴纳，徐师曾．文章辨体序说　文体明辨序说［M］．于北山，罗根泽，校点．北京：人民文学出版社，1962.

[5] 祁志祥．中国古代文学理论［M］．上海：华东师范大学出版社，2019.

[6] 李建中．體：中国文论元关键词解诠［M］．北京：中国社会科学出版社，2014.

[7] 章学诚．文史通义校注［M］．叶瑛，校注．北京：中华书局，2014.

[8] 朱安东．曾国藩文选［M］．天津：百花文艺出版社，2006.

[9] 欧阳询．艺文类聚［M］．汪绍楹，校．2 版．上海：上海古籍出版社，1965.

[10] 王健．文书学［M］．北京：中国人民大学出版社，2005.

[11] 陈志平．文心雕龙译注［M］．上海：上海三联书店，2014.

[12] 徐望之．公牍通论［M］．北京：档案出版社，1988.

[13] 慕平．尚书［M］．北京：中华书局，2009.

[14] 朱志荣．中国古代文论与文学经典阐释［M］．上海：上海古籍出版社，2012.

［15］陈骙．文则［M］．上海：商务印书馆，1937.

［16］曹操．曹操集［M］．北京：中华书局，2013.

［17］杨伯峻．论语译注［M］．北京：中华书局，2016.

［18］胡平生，陈美兰．礼记·孝经［M］．北京：中华书局，2007.

［19］班固．汉书［M］．北京：中华书局，1962.

［20］王志彬．文心雕龙［M］．北京：中华书局，2012.

［21］卢向前．唐代政治经济史综论：甘露之变研究及其他［M］．北京：商务印书馆，2012.

［22］郭绍虞．中国历代文论选：一卷本［M］．上海：上海古籍出版社，2001.

［23］徐公持．魏晋文学史［M］．北京：人民文学出版社，1999.

［24］柳宗元．柳宗元集［M］．北京：中华书局，1979.

［25］童第德．韩愈文选［M］．北京：人民文学出版社，1980.

［26］陆九渊．陆九渊集［M］．北京：中华书局，1980.

［27］许慎．说文解字注［M］．段玉裁，注．上海：上海古籍出版社，1998.

［28］欧阳修．欧阳修文选［M］．杜维沫，陈新，选注．北京：人民文学出版社，1982.

［29］赵彦衡．云麓漫钞［M］．北京：中华书局，1996.

［30］郭英德．中国古代文体学论稿［M］．北京：北京大学出版社，2005.

［31］张文强．三国志［M］．北京：中华书局，2007.

［32］檀作文．颜氏家训［M］．北京：中华书局，2007.

［33］李泽厚．伦理学纲要［M］．北京：人民日报出版社，2010.

［34］夏征农，陈至立．辞海：典藏本［M］．上海：上海辞书出版社，2011.

［35］李金泽．中国公文批评理论观要［M］．长春：东北师范大学出版社，2019.

［36］陈志英．韩愈文道关系略论［J］．西南民族学院学报（哲学社会科学版），1996（S6）：160—163.

［37］周志锋．“倒词协韵”与古文解读［J］．修辞学习，1997（3）：43—44.

[38] 陈亚丽．《文则》的文章论［J］．首都师范大学学报（社会科学版），1998（3）：22—25.

[39] 白文固．唐宋时期戒牒和六念牒管理制度［J］．青海社会科学，2005（2）：98—102.

[40] 冒志祥．试论中国公文批评史分期的构建［J］．理论界，2007（2）：112—113.

[41] 贾奋然．论《文体明辨序说》的辨体观［J］．首都师范大学学报（社会科学版），2007（2）：73—78.

[42] 侯迎华．公文发展史的开山之作：论许同莘《公牍学史》［J］．郑州大学学报（哲学社会科学版），2008（05）：113—116.

[43] 齐昆．《文则》论“比喻十法” ［J］．前沿，2009（10）：190—192.

[44] 余莉．《文则》的实用文章学理念及影响［J］．韶关学院学报，2010，31（5）：135—138.

[45] 侯迎华．魏晋公文批评研究［J］．河南大学学报（社会科学版），2012，52（6）：95—99.

[46] 张祎．中书、尚书省劄子与宋代皇权运作［J］．历史研究，2013（5）：50—66，189—190.

[47] 林佳骊，黄燕平．中国古代秘书学史之“公牍”二字演变［J］．浙江树人大学学报（人文社会科学版），2013，13（5）：62—68.

[48] 毛天宇．宋代劄子公文：内容与运作［J］．兰台世界，2013（23）：66—67.

[49] 魏琳．《宋人佚简》所收劄子之初探［J］．山西档案，2015（1）：127—131.

[50] 王澍．文体自觉与文学自觉［J］．社会科学家，2016（1）：140—145.

[51] 陆永．从许同莘《公牍学史》看古代公文高下观［J］．秘书工作，2016（7）：72—74.

[52] 何蕾．中唐古文运动：社会转型背景下的文体之变［J］．青海社会科学，2017（3）：156—162.

[53] 钱志伟．许同莘及其公牍思想研究［D］．芜湖：安徽师范大学，2018.

[54] 徐昌盛．《文章流别论》与文体辨析 [J]．东方论坛，2020 (6)：118—130.

[55] 宋亚婷，赵彦龙．古代官府平行文书“牒”之功用及体式研究 [J]．档案，2021 (1)：5—10.

[56] 史昊昱．明代官府行移文书研究 [D]．银川：宁夏大学，2022.